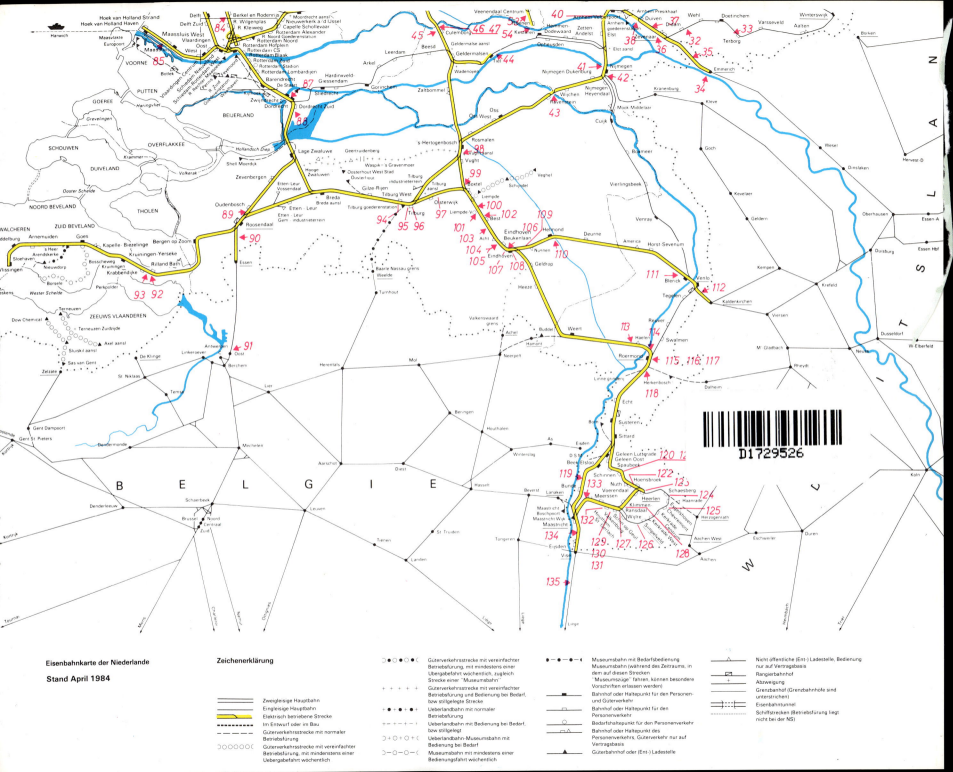

M. van der Velden
B. van 't Grunewold
M. Tjebbes

Van Sauwerd naar Cheratte

De Nederlandse Spoorwegen in kleur

Die Niederländischen Staatsbahnen in Farbe

1978-1985

Schweers + Wall

Titelfoto:
Langs het Overijssels kanaal rijdt het zojuist uit Gramsbergen vertrokken treinstel 131 (plan U) als trein 8027 van Zwolle naar Emmen. Deze lijn zal in 1987 geëlektrificeerd zijn. [23-4-1984]

Triebwagenzug 131 (Plan U) am Overijsseler Kanal kurz hinter der Station Gramsbergen, unterwegs von Zwolle nach Emmen. Diese Strecke soll ab 1987 elektrisch betrieben werden.

Foto op achterzijde omslag/Umschlagrückseite:
Locomotief 1648 rijdt met intercity 1668 van Enschede naar Amsterdam CS langs de Koppelpoort in Amersfoort. De Koppelpoort is een stads- en waterpoort uit het jaar 1428. [25-4-1984]

Lok 1648 rollt mit ihrem Intercity 1668 (Enschede-Amsterdam CS) durch Amersfoort, vorbei an der „Koppelpoort", einem Stadt- und Wassertor aus dem Jahre 1428.

Tekst/Text: Maarten van der Velden, in samenwerking met Bart van't Grunewold en Maarten Tjebbes

Fotobijschriften/Bildunterschriften: Maarten Tjebbes, in samenwerking met Bart van't Grunewold en Maarten van der Velden

Deutsche Übersetzung: Maarten van der Velden, Hans Schweers

ISBN 3-921679-48-6

Copyright © 1986 by Verlag Schweers + Wall GmbH, Aachen
Alle Rechte vorbehalten
Printed in Belgium

Satz: Schweers + Wall/Typo Delvos, Aachen
Lithographie: Offset Repro Team, Krefeld
Druck und Bindung: Henri Proost & Cie., Turnhout

Inhoud

Inleiding	4
De Nederlandse Spoorwegen	
Het spoorwegnet	6
Het reizigersvervoer	11
Het goederenvervoer	11
Locomotieven en treinstellen	
Elektrische locomotieven	12
Dieselelektrische locomotieven en locomotoren	16
Elektrische motorpostrijtuigen	17
Elektrische treinstellen	18
Dieseltreinstellen	22
Benelux-trek-duw-materieel	23
Hoofdwerkplaatsen en lijnwerkplaatsen	25
Materieelbestand 1978–1985	26
Van Sauwerd naar Cheratte – de Nederlandse Spoorwegen in kleur	27
Afkortingen	160
Fotoverantwoording	160
Geraadpleegde literatuur	160

Inhalt

Einleitung	5
Die niederländischen Eisenbahnen	
Das Streckennetz	6
Der Reiseverkehr	11
Der Güterverkehr	11
Die Triebfahrzeuge	
Elektrische Lokomotiven	12
Dieselelektrische Lokomotiven und Kleinlokomotiven	16
Elektrische Posttriebwagen	17
Elektrische Triebwagen	18
Dieseltriebwagenzüge	22
Die Benelux-Wendezüge	23
Hauptwerkstätten und Betriebswerke	25
Triebfahrzeugbestand 1978–1985	26
Von Sauwerd nach Cheratte – die Niederländischen Staatsbahnen in Farbe	27
Abkürzungen	160
Bildnachweis	160
Literaturverzeichnis	160

Inleiding

Gedurende de periode 1978-1985 is er bij de Nederlandse Spoorwegen veel gebeurd. Veel materieel, gebouwd in de jaren 1948-1956, werd vervangen of onderging een ingrijpende levensduurverlenging. Bovendien maakte ook het sterk toegenomen reizigersvervoer en de opening van nieuwe lijnen het aanschaffen van nieuw materieel noodzakelijk. Op het gebied van de infrastruktuur veranderde er veel. Nieuwe spoorlijnen werden geopend: de Schiphollijn, de Veenendaallijn en de laatste fase van de Zoetermeerlijn. Maar er werd ook voor het eerst sedert vele jaren weer een spoorlijn voor het reizigersvervoer gesloten: de IJmondlijn.
Het rangeerterrein Kijfhoek werd in gebruik genomen ter vervanging van het rangeerterrein IJsselmonde in Rotterdam. Als gevolg van de reorganisatie van het goederenvervoer werd het rangeerterrein Watergraafsmeer in Amsterdam buiten gebruik gesteld. Tevens werden tal van los- en laadplaatsen gesloten.
De spoorlijnen Geldermalsen-Tiel en Maastricht-Visé werden geëlektrificeerd. Met de elektrifikatie van de lijnen Zwolle-Emmen en Heerlen-Kerkrade Centrum werd een begin gemaakt.
Een aantal bruggen over de grote rivieren werd vervangen: ondermeer de Lekbrug bij Culemborg, de Waalbrug bij Nijmegen en de Hembrug over het Noordzeekanaal bij Amsterdam. Voor laatstgenoemde brug kwam een tunnel in de plaats. Bovendien werd de IJsselbrug bij Westervoort dubbelsporig gemaakt, door een tweede brug naast de bestaande te leggen.

Op vele lijnen en emplacementen werd de klassieke beveiliging vervangen door de moderne met lichtseinen. Dit was ondermeer het geval op de lijnen Groningen-Leeuwarden, Leeuwarden-Steenwijk, Mariënberg-Almelo, Maastricht-Visé en op de emplacementen van Groningen, Nijmegen en Maastricht. Weinig opvallend, maar wel belangrijk was de installatie van de ATB op tal van baanvakken.
In Onnen werd een nieuwe lijnwerkplaats geopend voor elektrische treinstellen. Daar tegenover stond de sluiting van de lijnwerkplaats Watergraafsmeer. Er werd een begin gemaakt met de algehele renovatie van de hoofdwerkplaats Haarlem.
Als laatste kan nog worden genoemd de opening van nieuwe stations (o.a. IJlst en Rosmalen), de vervanging van oude stationsgebouwen (o.a. in Hoogeveen, Gouda en Heerlen) en de renovatie van Amsterdam CS. Overigens zullen bij de NS in de komende jaren nog talrijke veranderingen te zien zijn, waardoor de NS een boeiend bedrijf zal blijven.
Het is de bedoeling van de samenstellers geweest om een beeld van de NS gedurende de periode 1978-1985 te geven. Daarbij is vooral gelet op de ontwikkelingen op materieelgebied. Het boek geeft een vrijwel volledig beeld van alle materieeltypen die gedurende de bovengenoemde periode hebben gereden. Tevens was het de bedoeling om een beeld te geven van de omgeving waar de trein doorheen rijdt. Het boek geeft geen volledig overzicht van alle ontwikkelingen die zich bij de NS hebben voorgedaan, omdat dit helaas de omvang van het boek te boven zou zijn gegaan.

Einleitung

In der Zeit von 1978 bis 1985 ist bei den "Nederlandse Spoorwegen" (Niederländische Eisenbahnen) viel passiert. Zahlreiche Triebfahrzeuge und Wagen, die aus den Jahren 1948-1956 stammen, wurden ersetzt oder modernisiert. Der stark gewachsene Reiseverkehr und die Eröffnung neuer Strecken erforderten auch die Beschaffung neuer Fahrzeuge.
Auch im Bereich der Infrastruktur gab es interessante Entwicklungen. Neue Strecken wurden eröffnet: die Schiphol-Linie, die Veenendaal-Linie und das letzte Stück der Zoetermeer-Linie. Dagegen wurde zum ersten Mal seit vielen Jahren auch wieder eine Strecke geschlossen: die IJmond-Linie.
Der neue Rangierbahnhof Kijfhoek ging in Betrieb, als Ersatz für den Rangierbahnhof IJsselmonde in Rotterdam. Infolge des Strukturwandels im Güterverkehr wurden der Rangierbahnhof Watergraafsmeer in Amsterdam stillgelegt und zahlreiche Ladestellen geschlossen.
Die Strecken Geldermalsen-Tiel und Maastricht-Visé wurden auf elektrischen Betrieb umgestellt. Auf den Strecken Zwolle-Emmen und Heerlen-Kerkrade Centrum begannen die Arbeiten zur Elektrifizierung.
Mehrere Brücken über die großen Flüsse wurden erneuert: u.a. die Lekbrücke bei Culemborg, die Waalbrücke bei Nimwegen und die Hembrücke über den Nordseekanal bei Amsterdam; letztere wurde durch einen Tunnel ersetzt. Die IJsselbrücke bei Westervoort wurde durch den Bau einer neuen parallel verlaufenden Brücke auf zweigleisigen Betrieb erweitert.
Auf vielen Strecken und Bahnhöfen lösten moderne Lichtsignale die alten Sicherungsanlagen mit Formsignalen ab, so auf den Strecken Groningen-Leeuwarden, Leeuwarden-Steenwijk, Mariënberg-Almelo und Maastricht-Visé und auf den Bahnhöfen von Groningen, Nimwegen und Maastricht. Unauffällig, aber sehr wichtig war die Einrichtung der Automatischen Zugbeeinflussung (ATB) auf vielen Linien.
In Onnen wurde ein neues Depot für elektrische Triebwagenzüge eröffnet. Demgegenüber stand die Schließung des Depots Watergraafsmeer in Amsterdam. Die Modernisierung der Hauptwerkstätte Haarlem wurde in Angriff genommen.
Schließlich soll noch die Eröffnung neuer Bahnhöfe erwähnt werden (wie IJlst und Rosmalen), der Ersatz alter Stationsgebäude (wie in Hoogeveen, Gouda und Heerlen) und die Modernisierung von Amsterdam CS. Auch in den nächsten Jahren wird sich noch vieles bei den NS ändern; dadurch werden die Nederlandse Spoorwegen ein interessanter Betrieb bleiben.
Absicht der Verfasser ist es, ein Bild der NS während der Jahre 1978-1985 zu vermitteln. Dabei wurde besonderes Augenmerk auf die Entwicklung im Bereich der Fahrzeuge gelegt. Das Buch bringt ein nahezu vollständiges Bild aller Typen, die während des behandelten Zeitabschnittes im Einsatz standen, jedoch nicht eine vollständige Übersicht aller Entwicklungen, die es bei den NS gegeben hat; diese würde leider den Umfang dieses Werkes sprengen. Ein wichtiger Gesichtspunkt bei der Bildauswahl war die Darstellung der Landschaft und der Umgebung, durch die die Züge der NS fahren. Möge dieses Buch somit auch eine Anregung für den Leser sein, unser Land einmal mit der Bahn zu besuchen und damit die NS besser kennenzulernen.

De Nederlandse Spoorwegen

Het Spoorwegnet

De eerste concrete plannen voor de bouw van spoorwegen in Nederland ontstonden in 1836. Voorgesteld werden lijnen van Amsterdam over Arnhem naar Keulen, van Amsterdam naar het oosten richting Münster/Hannover en van Amsterdam naar Haarlem. Op 1 juni 1836 kreeg de Hollandsche IJzeren Spoorweg-Maatschappij (HSM) de concessie voor de lijn naar Haarlem, die als eerste Nederlandse spoorlijn op 24 september 1839 werd geopend. De lijn was aangelegd met een spoorwijdte van 1945 mm en werd in de jaren 1842-1847 verlengd naar Rotterdam over Leiden en Den Haag.

Van buitengewoon belang was nog steeds een lijn van Amsterdam naar Arnhem. Deze werd tussen 1842 en 1845 gebouwd: het gedeelte Amsterdam Weesperpoort-Utrecht-Driebergen-Veenendaal door de staat, het gedeelte Veenendaal-Arnhem door de Nederlandsche Rhijnspoorweg-Maatschappij (NRS). Met de opening van de gehele lijn op 16 mei 1845 kocht de NRS ook het door de staat gebouwde gedeelte. Net als de HSM had ook de NRS breedspoor.

Tot de bouw van een samenhangend spoorwegnet kwam het vooralsnog niet. In 1853 opende de Aken-Maastrichtsche Spoorweg-Maatschappij haar eerste lijn van Maastricht naar Aken. Deze lijn werd in 1856 doorgetrokken via Lanaken naar Hasselt. Eveneens als verbinding met het buitenland ontstond de spoorlijn Antwerpen-Roosendaal-Moerdijk en haar zijlijn Roosendaal-Breda, gebouwd door de Société Anonyme des chemins de fer d'Anvers à Rotterdam in 1854 en 1855. Van Moerdijk naar Rotterdam werd een veerdienst ingesteld.

Om uiteindelijk aansluiting met het Duitse spoorwegnet te verkrijgen, werd de lijn Amsterdam-Arnhem in 1853/54 omgebouwd naar normaalspoor en in 1856 doorgetrokken naar Emmerich. Verder bouwde de NRS nog de normaalsporige lijnen Utrecht-Gouda-Rotterdam (1855) en Gouda-Den Haag (1870).

Op 18 augustus 1860 nam de kamer een wetsontwerp aan dat de bouw van staatsspoorwegen regelde. Het bouwprogramma omvatte een spoorwegnet in het noorden en oosten en een daarvan onafhankelijk net in het zuiden. De volgende lijnen werden ontworpen en gebouwd (tussen haakjes het jaar van de opening):

Die niederländischen Eisenbahnen

Das Streckennetz

Erste konkrete Pläne für den Bau von Eisenbahnen in den Niederlanden entstanden 1836. Vorgeschlagen wurden Linien von Amsterdam über Arnheim in Richtung Köln, von Amsterdam nach Osten Richtung Münster-Hannover sowie von Amsterdam nach Haarlem. Am 1.6.1836 erhielt die Hollandsche IJzeren Spoorweg-Maatschappij (Holländische Eisenbahngesellschaft, HSM) die Konzession für die Strecke nach Haarlem, die am 24.9.1839 als erste niederländische Eisenbahn eröffnet wurde. Die Strecke war in Breitspur von 1945 mm angelegt und wurde in den Jahren 1842-47 abschnittsweise über Leiden und Den Haag bis Rotterdam verlängert.

Als besonders wichtig wurde nach wie vor die Strecke Amsterdam-Arnheim angesehen. Diese wurde von 1842 bis 1845 gebaut, und zwar der Abschnitt Amsterdam Weesperpoort-Utrecht-Driebergen-Veenendaal durch den Staat, der Abschnitt Veenendaal-Arnheim durch die Nederlandsche Rhijnspoorweg-Maatschappij (Niederländische Rhein-Eisenbahn, NRS); mit der Eröffnung der Gesamtstrecke am 16.5.1845 kaufte die NRS auch die vom Staat gebauten Abschnitte. Auch die NRS hatte die Breitspur wie die HSM.

Zur Bildung eines eigentlichen Eisenbahnnetzes kam es vorerst nicht. 1853 ging im Süden des Landes die Aachen-Maastrichter Eisenbahn in Betrieb, die 1856 nach Hasselt in Belgien verlängert wurde. Ebenfalls als Verbindung ins Ausland entstand die Eisenbahngesellschaft Antwerpen-Rotterdam (AR), die 1854/55 die Strecke von der belgischen Grenze über Roosendaal bis Moerdijk eröffnete mit Zweiglinie Roosendaal-Breda; von Moerdijk bis Rotterdam wurde ein Fährdienst eingerichtet.

Um endlich Anschluß an das deutsche Bahnnetz zu erhalten, wurde die Rhein-Eisenbahn Amsterdam-Arnheim 1853/54 auf die heutige Normalspur umgebaut und 1856 bis Emmerich verlängert. Außerdem baute die NRS weitere Normalspurlinien Utrecht-Gouda-Rotterdam (1855) und Gouda-Den Haag (1870).

Nachdem die Eisenbahnen bisher ausschließlich in privater Hand gewesen waren, kam am 18.8.1860 ein Parlamentsbeschluß zustande über den Bau von staatlichen Linien. Das Bauprogramm umfaßte im wesentlichen ein Netz im Norden und Osten sowie ein davon unabhängiges im Süden.

Geplant und gebaut wurden folgende Strecken (in Klammern Eröffnungsjahr):

Noordernet
- Arnhem-Zutphen-Zwolle-Meppel-Leeuwarden (1865-1868)
- Harlingen-Leeuwarden-Groningen-Nieuwe Schans (1863-1868)
- Meppel-Groningen (1870)
- Zutphen-Hengelo-Enschede-Gronau (1865-1870)

Zuidernet
- Moerdijk-Breda-Tilburg-Boxtel-Eindhoven-Venlo-Roermond-Maastricht en de aftakking Venlo-Kaldenkirchen (1863-1866)
- Roosendaal-Vlissingen (1863-1872)
- Utrecht-'s Hertogenbosch-Boxtel (1868-1870)
- Lage Zwaluwe-Dordrecht-Rotterdam (1872, als vervanging voor de veerverbinding Moerdijk-Rotterdam)

De genoemde lijnen werden geëxploiteerd door de in 1863 opgerichte Maatschappij tot Exploitatie van Staatsspoorwegen (SS) maar bleven in het bezit van de staat. De door de staat aangelegde lijnen in Noord Holland, Amsterdam-Zaandam-Alkmaar-Den Helder (1865-1869) en Zaandam-Hoorn-Enkhuizen (1884-1885), werden echter verpacht aan de HSM.
Ook de HSM zag zich genoodzaakt haar breedsporige hoofdlijn om te bouwen tot normaalspoor hetgeen in 1866 geschiedde. Bovendien breidde zij haar net uit met de lijnen Haarlem-Uitgeest (1867), Amsterdam-Hilversum-Amersfoort-Apeldoorn-Zutphen en Hilversum-Utrecht (1874-1876). In 1878 kon de HSM de door de Nederlandsch-Westfaalsche Spoorweg-Maatschappij gebouwde lijn Zutphen-Winterswijk grens pachten en verkreeg hierdoor een eigen verbinding met het Roergebied.
Een andere grote spoorwegmaatschappij was tot slot nog de Nederlandsche Centraal Spoorweg-Maatschappij (NCS), die de lijn Utrecht-Amersfoort-Zwolle-Kampen gebouwd heeft (1863-1865).
Bovendien bouwden talrijke kleinere maatschappijen lijnen, al dan niet als verbinding met het buitenland. Zo ontstonden o.a.:
- Eindhoven-Hasselt (1866), Compagnie du chemin de fer Liègeois-Limbourgeois et des prolongements (LL), exploitatie door de SS
- Boxtel-Gennep-Goch-Büderich-Wesel (1873-1878), Noord Brabantsch-Duitsche Spoorweg-Maatschappij
- Maastricht-Eijsden-Luik (1861), Compagnie du chemin de fer de Liège à Maestricht et ses extensions (LM)
- Nijmegen-Kleef (1865), exploitatie door de HSM
- Tilburg-Turnhout (1867), Nord Belge
- Hamont-Weert-Roermond-Dalheim (1879), Nord Belge.
Ook de staat zette haar bouwprogramma voort:

Nordnetz
- Arnheim-Zutphen-Zwolle-Meppel-Leeuwarden (1865-1868)
- Harlingen-Leeuwarden-Groningen-Nieuwe Schans (1863-1868)
- Meppel-Groningen (1870)
- Zutphen-Hengelo-Enschede[-Gronau] (1865-1875)

Südnetz
- Moerdijk-Breda-Tilburg-Boxtel-Eindhoven-Venlo-Roermond-Maastricht mit Abzweig Venlo-Kaldenkirchen (1863-1866)
- Roosendaal-Vlissingen (1863-1872)
- Utrecht-'s Hertogenbosch-Boxtel (1868-1870)
- Lage Zwaluwe-Dordrecht-Rotterdam (1872, Ersatz für den Fährbetrieb Moerdijk-Rotterdam)

Die genannten Strecken wurden einer 1863 neu gegründeten Privatgesellschaft, der Maatschappij tot Exploitatie van Staatsspoorwegen (Staatsbahn-Betriebsgesellschaft, SS), zum Betrieb übergeben, blieben aber im Besitz des Staates. Eine Ausnahme bildeten die in Nordholland gebauten Staatslinien Amsterdam-Zaandam-Alkmaar-Den Helder (1865-1869) und Zaandam-Hoorn-Enkhuizen (1884-1885), die an die HSM verpachtet wurden.
Die HSM selbst mußte angesichts des Vordringens der Normalspur ihre breitspurige Stammstrecke ebenfalls umbauen und nahm 1866 den regelspurigen Betrieb auf. Außerdem ergänzte sie ihr Netz um die Strecken Haarlem-Uitgeest (1867), Amsterdam-Hilversum-Amersfoort-Apeldoorn-Zutphen und Hilversum-Utrecht (1874-1876). 1878/80 konnte die HSM die von der Nederlandsch-Westfaalsche Spoorweg-Maatschappij gebaute Fortsetzung Zutphen-Winterswijk-Grenze pachten und erhielt dadurch einen eigenen Zugang zum Ruhrgebiet.
Als größere Bahngesellschaft ist schließlich noch die Niederländische Centralbahn (NCS) zu erwähnen, die 1863-1865 eine Strecke von Utrecht über Amersfoort-Zwolle nach Kampen baute.
Daneben erstellten zahlreiche kleinere Gesellschaften Verbindungen ins Ausland und weitere inländische Linien, u.a.:
- Eindhoven-Hasselt (1866), Lüttich-Limburger Eisenbahn, Betrieb durch Staatsspoorwegen
- Boxtel-Gennep-Goch-Büderich-Wesel (1873-1878), Nordbrabant-Deutsche Eisenbahngesellschaft
- Maastricht-Eijsden-Lüttich (1861), Lüttich-Maastrichter Eisenbahn
- Nimwegen-Kleve (1865), Betrieb durch HSM
- Tilburg-Turnhout (1867), Nord-Belge
- Hamont-Weert-Roermond-Dalheim (1879), Nord-Belge.
Auch der Staat setzte sein Bauprogramm fort und erstellte u.a. folgende Linien:

- Zwolle-Almelo (1881), exploitatie: SS
- Dordrecht-Geldermalsen-Kesteren-Elst (1882-1885), exploitatie door de SS, vanaf 15 oktober 1890 door de HSM
- Amersfoort-Rhenen-Kesteren (1886), exploitatie: HSM
- Leeuwarden-Stavoren (1883-1885), exploitatie: SS, vanaf 15 oktober 1890: HSM
- Nijmegen-Venlo (1883), exploitatie: SS
- Groningen-Delfzijl (1884), exploitatie: SS
- Schiedam-Hoek van Holland (1891-1893), exploitatie: HSM.

Verder ontstond er een dicht net van lokaalspoor- en tramwegen, die ten dele ook weer aan de grote maatschappijen verpacht werden. Bekende voorbeelden zijn Haarlem-Zandvoort (gebouwd in 1881, vanaf 1889 exploitatie door de HSM, in 1902 ombouw tot hoofdlijn) en Hoorn-Medemblik (gebouwd in 1887, exploitatie door de HSM, tegenwoordig museumlijn) om er maar eens twee te noemen.

De concurrentiestrijd tussen de grote maatschappijen begon inmiddels groteske vormen aan te nemen. Vooral in het verkeer met Duitsland had de NRS met haar lijn Amsterdam-Emmerich lange tijd het monopolie. Hierin kwam pas verandering met de opening van de SS-lijn Rotterdam-Venlo-Kaldenkirchen (1872) en de HSM-lijn Amsterdam-Zutphen-Winterswijk-Bocholt (1880). In 1890 greep de staat in en nam het net van de NRS over. De exploitatie van het gehele net werd opnieuw verdeeld tussen HSM en SS. Hierbij kregen de maatschappijen op bepaalde lijnen ook het recht van medegebruik om doorgaande verbindingen te creëren. Het noorder- en zuidernet van de SS werden hierdoor een samenhangend geheel.

Ook na de overname van de NRS groeide het net. O.a. met de volgende lijnen:
- Alkmaar-Hoorn (1898), HSM
- Rotterdam Hofplein-Den Haag-Scheveningen (1907-1908), aanleg door de Zuid-Hollandsche Elektrische Spoorweg-Maatschappij (ZHESM), exploitatie door de HSM, eerste geëlektrificeerde spoorlijn in Nederland met 10 kV eenfase wisselstroom 25 Hz (vanaf 1 april 1926 1500 V gelijkstroom)
- Eindhoven-Weert (1913), SS.

De eerste stap tot de oprichting van de huidige Nederlandse Spoorwegen werd in 1917 gezet, toen de HSM en de SS een belangengemeenschap onder de naam "Nederlandsche Spoorwegen" aangingen. Op 1 januari 1938 werd de huidige NS opgericht in de vorm van een naamloze vennootschap, die alle door de SS en HSM en andere particuliere maatschappijen geëxploiteerde lijnen overnam.

De NS zette de al door de HSM en SS ingezette elektrificering in hoog tempo voort. In 1938 waren de volgende lijnen al met 1500 V gelijkstroom geëlektrificeerd:

- Zwolle-Almelo (1881), Betrieb SS
- Dordrecht-Geldermalsen-Kesteren-Elst (1882-1885), Betrieb SS, ab 1890 HSM
- Amersfoort-Rhenen-Kesteren (1886), Betrieb durch HSM
- Leeuwarden-Stavoren (1883-1885), Betrieb SS, ab 1890 HSM
- Nimwegen-Venlo (1883), Betrieb SS
- Groningen-Delfzijl (1884), Betrieb SS
- Schiedam-Hoek van Holland (1891-1893), Betrieb HSM.

Daneben entstand eine große Zahl von Lokalbahnen (Tramwegen), die wiederum teilweise an die großen Gesellschaften verpachtet waren. Bekannte Beispiele sind Haarlem-Zandvoort (gebaut 1881, ab 1889 Betrieb durch HSM, 1902 Umbau zur Vollbahn) und Hoorn-Medemblik (gebaut 1887, Betrieb durch HSM, heute Museumsbahn), um nur zwei zu nennen.

Die Konkurrenzsituation der drei großen Gesellschaften HSM, NRS und SS führte zu grotesken Erscheinungen. Insbesondere im Deutschlandverkehr hatte die NRS mit ihrer Strecke Amsterdam-Emmerich lange Zeit ein Monopol. Dies änderte sich erst mit der SS-Strecke Rotterdam-Venlo-Kaldenkirchen (1872) und der HSM-Strecke Amsterdam-Zutphen-Winterswijk-Bocholt (1880). 1890 griff der Staat ein und verstaatlichte die NRS, wobei das Streckennetz unter HSM und SS neu aufgeteilt wurde; dabei mußten die beiden Gesellschaften sich verschiedentlich gegenseitige Mitbenutzungsrechte für ihre Strecken einräumen, um durchgehende Zugverbindungen zu schaffen. Die bisher in Nord- und Südnetz getrennten Linien der SS wuchsen zusammen.

Auch nach der Verstaatlichung der NRS kam es zu weiteren Netzverdichtungen, von denen drei hier genannt seien:
- Alkmaar-Hoorn (1898), HSM
- Rotterdam Hofplein-Den Haag-Scheveningen (1907/08), Betrieb durch HSM, erste elektrische Linie der Niederlande mit 10 kV Einphasen-Wechselstrom 25 Hz (ab 1.4.1926 1500 V Gleichstrom)
- Eindhoven-Weert (1913), SS.

Ein erster Schritt zur Gründung der heutigen Niederländischen Staatsbahnen wurde 1917 getan, als HSM und SS eine Betriebsgemeinschaft unter der Bezeichnung "Nederlandsche Spoorwegen" schlossen. Am 1.1.1938 wurde die heutige NS als Aktiengesellschaft gegründet, die sämtliche bisher von HSM und SS betriebenen Strecken sowie weitere private Nebenbahnen übernahm.

Die NS setzte die bereits von HSM und SS begonnene Elektrifizierung des Streckennetzes zielstrebig fort. 1938 waren folgende Linien bereits auf elektrischen Betrieb mit 1500 V Gleichstrom umgestellt:
- Rotterdam Hofplein-Den Haag-Scheveningen (1926, s.o.)
- Amsterdam-Haarlem-Rotterdam (1927)
- Haarlem-IJmuiden (1927)

- Rotterdam Hofplein-Den Haag-Scheveningen (1926, herelektrificatie)
- Amsterdam-Haarlem-Rotterdam (1927)
- Haarlem-IJmuiden (1931)
- Amsterdam-Alkmaar (1931)
- Uitgeest-IJmuiden (1931)
- Rotterdam-Dordrecht (1934)
- Schiedam-Hoek van Holland (1935)
- Haarlem-Zandvoort (1935).

Nog in 1938 kwamen de lijnen Amsterdam-Utrecht-Arnhem en Den Haag/Rotterdam-Gouda-Utrecht-Eindhoven onder de draad. Hoewel de Tweede Wereldoorlog reeds begonnen was, konden toch nog de baanvakken Arnhem-Nijmegen (1940), Utrecht-Amersfoort en Utrecht-Hilversum (1942) geëlektrificeerd worden. Ondanks de enorme verwoestingen van de oorlog, die aan het spoorwegnet van de NS, in het bijzonder aan de bovenleidingen, waren aangericht, konden de belangrijkste hoofdlijnen voor het einde van de jaren vijftig elektrisch worden bereden. De belangrijkste nieuwe elektrificaties waren:
- Amsterdam-Hilversum-Amersfoort (1946)
- Eindhoven-Maastricht (1949)
- Sittard-Heerlen (1949)
- Maastricht-Valkenburg-Heerlen (1949)
- Dordrecht-Roosendaal (1950)
- Dordrecht-Breda-Boxtel (1950)
- Amersfoort-Deventer-Hengelo-Enschede/Oldenzaal (1951)
- Amersfoort-Zwolle-Meppel-Groningen/Leeuwarden (1952)
- Arnhem-Zwolle (1953)
- Eindhoven-Venlo (1956)
- Breda-Roosendaal-Vlissingen (1957)
- Roosendaal-Essen [België] (1957)
- Tilburg-'s Hertogenbosch-Nijmegen (1957)
- Alkmaar-Den Helder (1958).

Door deze elektrificaties en de eveneens razendsnelle verdieseling kon de laatste stoomlocomotief al op 7 januari 1958 in het museum worden gereden.

Naast de belangrijke hoofdlijnen was er nog het dichte net van lokaalspoor- en tramwegen, dat voor een belangrijk deel smalsporig was. Het grootste deel van dit net werd in de jaren dertig en vijftig opgeheven als gevolg van de concurrentie door het snel toenemende wegverkeer. Ook vele van de door de NS overgenomen lokaallijnen deelden dit lot. Een aantal van deze lijnen bestaat nu nog als museumlijn; o.a. Hoorn-Medemblik, Goes-Borsele, Boekelo-Haaksbergen, Apeldoorn-Dieren en Amsterdam Haarlemmermeerstation-Amstelveen.

Als gevolg van de Tweede Wereldoorlog verloor een aantal, vroeger belangrijke, hoofdlijnen volledig hun betekenis. Zo bestaat van de vroege-

- Amsterdam-Alkmaar (1931)
- Uitgeest-IJmuiden (1931)
- Rotterdam-Dordrecht (1934)
- Schiedam-Hoek van Holland (1935)
- Haarlem-Zandvoort (1935)

Noch im Jahre 1938 kamen die Linien Amsterdam-Utrecht-Arnheim und Den Haag/Rotterdam-Utrecht-Eindhoven unter Draht, außerdem einige Verbindungsbahnen im Raum Rotterdam und Den Haag. Trotz des Zweiten Weltkrieges konnten 1940 Arnheim-Nimwegen und 1942 Hilversum-Utrecht-Amersfoort umgestellt werden. Obwohl die Fahrleitungsanlagen von den Zerstörungen des Krieges besonders betroffen waren, setzte die NS das Elektrifizierungsprogramm zügig fort, sodaß bis Ende der fünfziger Jahre bereits die wesentlichen Hauptstrecken elektrisch betrieben werden konnten.

Die wichtigsten Umstellungsdaten:
- Amsterdam-Hilversum-Amersfoort (1946)
- Eindhoven-Maastricht-Valkenburg-Heerlen (1949)
- Sittard-Heerlen (1949)
- Dordrecht-Roosendaal (1950)
- Dordrecht-Breda-Boxtel (1950)
- Amersfoort-Hengelo-Enschede/Oldenzaal (1951)
- Amersfoort-Zwolle-Meppel-Groningen/Leeuwarden (1952)
- Arnheim-Zwolle (1953)
- Eindhoven-Venlo (1956)
- Breda-Roosendaal-Vlissingen (1957)
- Roosendaal-belg. Grenze (1957)
- Tilburg-'s Hertogenbosch-Nimwegen (1957)
- Alkmaar-Den Helder (1958).

Durch diese Umstellungen und die ebenso rasche Verdieselung konnte bereits am 7.1.1958 die letzte Dampflokomotive ins Museum gefahren werden.

Neben den bedeutenden Hauptstrecken gab es in den Niederlanden lange Zeit ein dichtes, das ganze Land überziehendes Netz von Neben- und Kleinbahnen, teilweise schmalspurig. Der größte Teil dieser Bahnen mußte in den dreißiger bzw. den fünfziger Jahren vor der Straßenkonkurrenz kapitulieren. Auch vielen von der NS übernommenen Nebenbahnen ging es nicht anders. Einige der für den Normalverkehr stillgelegten Lokallinien existieren heute als Museumsbahnen weiter, u.a. Hoorn-Medemblik, Goes-Borsele, Boekelo-Haaksbergen und Amsterdam Haarlemmermeerstation-Amstelveen. Die Auswirkungen des 2. Weltkrieges führten aber auch zu Verkehrsverlagerungen von einstmals wichtigen Hauptstrecken. So existiert heute von der ehemaligen Nordbrabant-Deutschen Eisenbahn Boxtel-Gennep-Goch-Wesel, über die früher u.a. Schnellzüge aus Norddeutschland nach Vlissingen rollten,

re hoofdlijn Boxtel-Gennep-Goch-Wesel alleen nog het korte stuk Boxtel-Veghel als goederenlijn. De beide grensbaanvakken in de "IJzeren Rijn" (Antwerpen-Neerpelt-Weert-Roermond-Dalheim-Roergebied) zijn voor het reizigersvervoer gesloten, het gedeelte Weert-Roermond is daarentegen onderdeel van de Intercity-verbinding Zandvoort-Limburg. Een derde voorbeeld is de lijn Amersfoort-Rhenen-Kesteren, die door het opblazen van de Rijnbrug haar betekenis verloor. Alleen het lijngedeelte De Haar aansluiting-Veenendaal Centrum-Rhenen werd in 1981 weer voor het reizigersverkeer geopend.

Daarmede zijn we dan weer aangekomen bij de aanleg van nieuwe lijnen, zoals de Zoetermeerlijn (1977-1979), die Den Haag met de forensenstad Zoetermeer verbindt. In 1978 werd het eerste gedeelte van de Schiphollijn geopend: Amsterdam Zuid-Schiphol. In 1981 volgde de opening van de gehele lijn: (Leiden-)Warmond aansluiting-Schiphol-Amsterdam Zuid-Amsterdam RAI. Verder kan nog worden genoemd de sneltramlijn Utrecht-Nieuwegein/IJsselstein (opening 1983/85), die echter door de busmaatschappij Westnederland geëxploiteerd wordt.

Bijzonder ingrijpende nieuwbouwprojekten werden de afgelopen jaren in het noorden en westen van Amsterdam uitgevoerd. In 1983 werd het traject over de Hembrug verlaten en vervangen door het traject via de Hemtunnel en het nieuwe station Amsterdam Sloterdijk. Met de zomerdienst van 1985 werd ook het nieuwe tracé van de lijn Amsterdam-Haarlem via het nieuwe station Amsterdam Sloterdijk in gebruik genomen, een jaar later gevolgd door de westelijke tak van de Amsterdamse ringspoorbaan, de direkte verbinding van Amsterdam CS met de luchthaven Schiphol.

Tot slot kan nog genoemd worden de bouw van de 47 km lange Flevolijn, van Weesp via Almere naar Lelystad. Het gedeelte Weesp-Almere Buiten zal in 1987 in gebruik worden genomen, het gedeelte Almere Buiten-Lelystad in 1988.

nur noch das kurze Stück Boxtel-Veghel als Güterlinie. Die beiden Grenzübergänge der als Verbindung vom Ruhrgebiet zum Seehafen Antwerpen gebauten Strecke Dalheim-Roermond-Weert-Neerpelt ("Eiserner Rhein") sind für den Personenverkehr geschlossen; der Abschnitt Weert-Roermond ist dafür heute Teil der Intercity-Strecke von der Randstad nach Südlimburg. Ein drittes Beispiel ist die Strecke Amersfoort-Rhenen-Kesteren, die durch die Zerstörung des Rheinübergangs ihre Bedeutung verlor. Lediglich der Abschnitt De Haar Abzweig-Veenendaal Centrum-Rhenen wurde 1981 wieder für den Personenverkehr in Betrieb genommen.

Damit sind wir aber auch wieder bei Streckenneubauten, die die NS in den letzten Jahren angelegt hat. So wurde 1977-1979 die Zoetermeer-Linie eröffnet, die Den Haag mit der dichtbevölkerten Vorstadt Zoetermeer verbindet. 1978 entstand das erste Stück der Schiphol-Linie als Inselstrecke von Amsterdam Zuid zum Flughafen Schiphol; 1981 kamen die westliche Fortsetzung nach Leiden (mit Anschluß an das übrige NS-Netz in Warmond) und die östliche Weiterführung bis zum Messezentrum Amsterdam RAI in Betrieb. Als Sonderfall ist die Schnellstraßenbahn von Utrecht anzusehen, die 1983 als Verbindung von Utrecht zu den neuen Wohngebieten in Nieuwegein gebaut wurde und 1985 eine Zweigstrecke nach IJsselstein erhielt; den Betrieb führt hier die regionale Busgesellschaft Westnederland (WN), der auch die Stadtbahnwagen dieser Linie gehören.

Besonders große Neubauprojekte wurden in den letzten Jahren im Norden und Westen Amsterdams durchgeführt. Hier wurde 1983 die alte Hembrücke über den Nordsee-Kanal durch eine andere Trasse mit dem neuen Hemtunnel ersetzt. Zum Sommerfahrplan 1985 wurde die Linie Amsterdam-Haarlem ebenfalls über den neuen Bahnhof Amsterdam Sloterdijk der Hemlinie gelegt (1984-1985 Sloterdijk Noord). Ein Jahr später ging die westliche Amsterdamer Ringbahn in Betrieb, die eine direkte Verbindung von Amsterdam CS über Sloterdijk zum Flughafen Schiphol darstellt. Ein weiteres großes Bauvorhaben ist schließlich die Flevo-Linie, 1986 noch im Bau, die das dem IJsselmeer abgerungene Flevoland erschließen wird. Diese Strecke zweigt in Weesp von der Linie Amsterdam-Hilversum ab und führt im Endausbau über Almere nach Lelystad (47 km). Die Inbetriebnahme bis Almere Buiten ist für den Sommerfahrplan 1987 vorgesehen, die zweite Hälfte bis Lelystad soll ein Jahr später folgen.

Het reizigersvervoer

In principe rijdt er op elke lijn in Nederland tussen 6.00 en 24.00 uur elk uur een trein per richting (starre dienst). Op belangrijkere lijnen wordt er vaak een halfuurs-dienst gereden. Op de hoofdlijnen rijdt bovendien elk uur of zelfs elk half uur een Intercity. Ook de Benelux-treinen rijden in hetzelfde starre uurpatroon. In het algemeen zijn de wachttijden bij het overstappen kort, vaak staat de aansluitende trein zelfs gereed aan hetzelfde perron (cross-platform-overstappen).
Nieuw is het NS-nachtnet. Op de lijn Dordrecht-Rotterdam-Den Haag-Leiden-Schiphol-Amsterdam-Hilversum-Utrecht rijdt sedert de zomerdienst van 1986, voorlopig nog als proef, vrijwel elk uur een trein, met in Naarden-Bussum en Dordrecht aansluiting op het nachtbusnet van de OAD.

Het goederenvervoer

Het goederenvervoer per trein heeft een beperkte omvang in vergelijking met dat in de ons omringende landen. Het meeste goederenvervoer vindt plaats tussen de zeehavens Amsterdam en vooral Rotterdam en het buitenland. Een aantal grote industrieën krijgen veel grondstoffen aangevoerd per spoor. Ook hun eindproducten vinden vaak hun weg over de rail naar afnemers in het buitenland.
De belangrijkste goederenstations in Nederland zijn Kijfhoek, Amersfoort, Roosendaal, Venlo en Onnen. De meeste goederen worden vervoerd over de lijnen:
- Kijfhoek-Breda-Eindhoven-Venlo-Duitsland
- Kijfhoek-Rotterdam-Utrecht Lunetten-Amersfoort-Deventer-Hengelo-Duitsland
- Kijfhoek-Rotterdam-Utrecht-Arnhem-Duitsland.

De meest vervoerde goederen zijn erts (van de zeehavens naar Duitsland en België), olie (van Schoonebeek naar Pernis), kalkprodukten (van België naar de Hoogovens in Beverwijk), graan (van Frankrijk naar Veghel), auto's (van Duitsland en Frankrijk naar de verschillende importeurs), chemicaliën en containers (van Europoort naar Duitsland of omgekeerd).

Der Reiseverkehr

Der gesamte Personenverkehr der NS wird schon seit langem im Taktfahrplan betrieben. Generell verkehrt auf jeder Strecke zwischen 6.00 und 24.00 Uhr mindestens stündlich ein Zug pro Richtung, auf wichtigen Linien sogar halbstündlich. Auf den Hauptlinien überlagern sich den Personenzügen die Intercityzüge, die ebenfalls stündlich oder halbstündlich fahren. Auch die Benelux-Züge Amsterdam-Rotterdam-Antwerpen-Brüssel sind in den Stundentakt eingebunden.
Der Fahrplan ist so ausgelegt, daß in den Knotenbahnhöfen im allgemeinen kurze Umsteigezeiten entstehen; meistens steht der Anschlußzug am gleichen Bahnsteig bereit.
Neu ist das NS-Nachtnetz. Auf der halbkreisförmigen Strecke Dordrecht-Rotterdam-Den Haag-Leiden-Schiphol-Amsterdam-Hilversum-Utrecht, die praktisch die ganze "Randstad" mit dem Flughafen Schiphol verbindet, verkehrt seit dem Sommerfahrplan 1986 versuchsweise auch nachts fast jede Stunde ein Zug; in Dordrecht und Naarden-Bussum besteht Anschluß an das Nachtbusnetz der Omnibusgesellschaft OAD.

Der Güterverkehr

Der Güterverkehr auf der Schiene hat in den Niederlanden einen relativ bescheidenen Umfang. Die meisten Güterzüge laufen von den Seehäfen Amsterdam und vor allem Rotterdam ins Ausland. Auch die Großindustrie erhält z.T. ihre Rohstoffe per Bahn und transportiert ihre Endprodukte über die Schiene zu den Abnehmern im Ausland.
Die bedeutendsten Güterbahnhöfe in den Niederlanden sind Kijfhoek (bei Rotterdam), Amersfoort, Roosendaal, Venlo und Onnen. Die Hauptabfuhrstrecken im Güterverkehr sind:
- Kijfhoek-Breda-Eindhoven-Venlo-Deutschland
- Kijfhoek-Rotterdam-Utrecht Lunetten-Amersfoort-Deventer-Hengelo-Deutschland
- Kijfhoek-Rotterdam-Utrecht-Arnheim-Deutschland.

Im wesentlichen werden die folgenden Güter per Bahn transportiert: Erz (von den Seehäfen nach Deutschland und Belgien), Rohöl (von Schoonebeek nach Pernis), Kalkprodukte (von Belgien nach Hoogovens in Beverwijk), Getreide (von Frankreich nach Veghel), Autos (aus Deutschland und Frankreich zu den verschiedenen Importeuren), Chemieprodukte und Container (vom Europoort nach Deutschland und umgekehrt).

Locomotieven en treinstellen

Elektrische locomotieven

De eerste elektrische locomotieven van de NS waren die van de serie 1000. Zij waren bestemd voor het trekken van zowel sneltreinen als zware goederentreinen. Deze locomotieven werden gebouwd door SLM in Winterthur (1001-1003) en Werkspoor in Utrecht (1004-1010) in 1948 en 1949. Zij werden afgeleverd in de kleur groen. Vanaf 1954 werden de locomotieven blauw geschilderd. Hun maximum snelheid was 160 km/u. Doordat het rijden met hogere snelheden veel slijtage veroorzaakte werd hun maximum dienstsnelheid in 1955 tot 100 km/u verlaagd. Hierdoor werden zij vrijwel geheel uit de reizigersdienst verdrongen. In 1982 werden de laatste locomotieven van deze serie buiten dienst gesteld. Zij werden allen gesloopt met uitzondering van de 1010, die door de STIBANS werd aangekocht. Geen van deze fraaie locomotieven is in de NS-huisstijlkleuren geel en grijs geschilderd geweest.

Die Triebfahrzeuge

Elektrische Lokomotiven

Die ersten elektrischen Lokomotiven der NS waren die der Baureihe 1000. Sie waren sowohl für den Schnellzug- wie für den schweren Güterzugdienst bestimmt. Erbauer waren die SLM in Winterthur (1001-1003) und Werkspoor in Utrecht (1004-1010) in den Jahren 1948 und 1949. Die Lokomotiven hatten anfangs einen grünen Anstrich, ab 1954 wurden sie blau lackiert. Ihre Höchstgeschwindigkeit betrug 160 km/h; das Fahren im höheren Geschwindigkeitsbereich verursachte jedoch starke Abnutzungserscheinungen am Laufwerk, so daß 1955 die zulässige Höchstgeschwindigkeit auf 100 km/h herabgesetzt wurde. Daher konnten sie kaum noch im Reisezugdienst verwendet werden. Die letzten Lokomotiven dieser Baureihe wurden 1982 ausgemustert. Sie gingen den Weg allen alten Eisens mit Ausnahme der 1010, die von der STIBANS gekauft wurde. Keine dieser schönen Lokomotiven hat die neuen NS-Hausfarben grau und gelb mehr erhalten.

Serie/Baureihe	1000
Nrs./Nrn.	1001-1010
Asindeling/Achsfolge	(1A)'Bo'(A1)'
Continuvermogen/Dauerleistung	2800 kW
Vmax oorspr./urspr.	160 km/h
vanaf/ab 1955	100 km/h
Lob/LüP	16220 mm
Dienstgewicht	100 t
Foto Nr.	94

De locomotieven van de serie 1100 vormen de laatste fase van een ontwikkeling die in 1922 begonnen is met de aflevering van de locomotiefserie E 4000 aan de Franse Midi-spoorwegmaatschappij. De serie 1100 werd rechtstreeks afgeleid van de serie BB 8100 van de SNCF en gebouwd door Alsthom (Belfort) in de jaren 1950-1956. Het opvallendste verschil met de BB 8100 is hun hogere maximum snelheid: 135 in plaats van 100 km/u. De locomotieven 1101-1150 werden afgeleverd in de kleur turkooize, de 1151-1160 in de kleur blauw. Ook de turkooize machines verkregen vanaf 1954 die kleur. In 1971 werd begonnen met het overschilderen van deze locomotieven in de huisstijlkleuren. Om de

Die Lokomotiven der Baureihe 1100 stellen die letzte Stufe einer Entwicklung dar, die 1922 mit der Baureihe E 4000 der französischen Midi-Eisenbahn begann. Die Baureihe 1100 wurde aus der Baureihe BB 8100 der SNCF abgeleitet und in den Jahren 1950-1956 von Alsthom (Belfort, Frankreich) gebaut. Der auffälligste Unterschied zur BB 8100 ist ihre größere Höchstgeschwindigkeit mit 135 km/h statt 100 km/h. Die Lokomotiven 1101-1150 wurden in der Farbe türkis ausgeliefert, die Lokomotiven 1151-1160 in blau. Auch die türkisfarbigen Maschinen erhielten ab 1954 einen blauen Anstrich. Die Serie wurde ab 1971 in den NS-Hausfarben lackiert. Zum besseren Schutz des Lokomotivführers bei Unfällen

machinist bij ongevallen beter te beschermen werden de locomotieven vanaf 1978 allemaal van een "botsneus" voorzien. Inmiddels is met het buiten dienst stellen van deze locomotieven begonnen. Omstreeks 1993 zullen zij van de Nederlandse spoorstaven verdwenen zijn.

wurden alle Lokomotiven dieser Baureihe ab 1978 mit einer "Stoßnase" versehen. Mittlerweile hat die Ausmusterung dieser Maschinen begonnen; etwa 1993 werden sie von den niederländischen Schienen verschwunden sein.

Serie/Baureihe	1100
Nrs./Nrn.	1101-1160
Asindeling/Achsfolge	Bo'Bo'
Continuvermogen/Dauerleistung	1900 kW
Vmax	135 km/h
Lob/LüP oorspr./urspr.	12984 mm
vanaf/ab 1978	14116 mm
Dienstgewicht	83 t
Foto Nr.	24, 93, 95, 96, 117

De imposante locomotieven van de serie 1200 werden naar een Amerikaans ontwerp van Baldwin door Werkspoor gebouwd in de jaren 1951-1953. De locomotieven 1201-1214 werden afgeleverd in de kleur turkooize, de 1215-1225 in de kleur roodbruin. Vanaf 1954 werden zij allen blauw geschilderd. Ook deze locomotieven verkregen vanaf 1971 de huisstijlkleuren. In 1978 werd begonnen met het renoveren van deze robuuste locomotieven. Hierdoor kunnen zij nog tot circa 1997 in dienst blijven. Als gevolg van deze, in 1983 afgeronde, levensduurverlengende renovaties werden ook de laatste blauwe exemplaren "gehuisstijld".

Die wuchtigen Lokomotiven der Baureihe 1200 wurden von Werkspoor nach einem amerikanischen Entwurf von Baldwin in den Jahren 1951-1953 gebaut. Die ersten 14 Maschinen waren anfangs türkis, die restlichen 11 rotbraun. Ab 1954 erhielten alle Lokomotiven einen blauen Anstrich, ab 1971 wurden sie ebenfalls in den NS-Hausfarben lackiert. Von 1978 bis 1983 wurden diese zuverlässigen Maschinen modernisiert, damit sie bis etwß 1997 im Betrieb bleiben können. Bei dieser Gelegenheit erhielten auch die letzten blauen Lokomotiven die NS-Hausfarben.

Serie/Baureihe	1200
Nrs./Nrn.	1201-1225
Asindeling/Achsfolge	Co'Co'
Continuvermogen/Dauerleistung	2208 kW
Vmax	135 km/h
Lob/LüP	18086 mm
Dienstgewicht	108 t
Foto Nr.	29, 99, 118

De locomotieven van de serie 1300 werden in de jaren 1952-1956 door Alsthom gebouwd. Zij zijn afgeleid van de beroemde serie CC 7100 van de SNCF. Een locomotief van die serie, de CC 7107, heeft op 28 maart 1955 op het baanvak Lamothe - Morcenx het wereldsnelheidsrecord voor railvoertuigen op 331 km/u gebracht. Dit record heeft tot februari 1981 stand kunnen houden. De locomotieven 1301-1311 werden in de kleur turkooize afgeleverd, de overigen (1312-1316) in de kleur blauw. Ook de turkooize machines verkregen vanaf 1954 die kleur. De 1303 ve-

Die Baureihe 1300 entstand 1952-1956 bei Alsthom. Sie stellt eine Weiterentwicklung der berühmten SNCF-Serie CC 7100 dar und ist dieser in vieler Hinsicht gleich. Die CC 7107 stellte am 28. März 1955 auf der Strecke Lamothe-Morcenx im Südwesten Frankreichs mit 331 km/h einen neuen Weltrekord für Schienenfahrzeuge auf, der bis Februar 1981 nicht übertroffen wurde. Die NS-Lokomotiven 1301-1311 wurden türkis geliefert, die übrigen blau. Der blaue Anstrich wurde ab 1954 auf die gesamte Serie ausgedehnt, ab 1971 kamen auch hier die NS-Hausfarben.

rongelukte helaas al in 1953. Ook deze locomotieven werden vanaf 1971 "gehuisstijld". In 1983 is ook begonnen met de renovatie van deze locomotieven. De opvallendste wijziging hierbij is de veranderde huisstijlbeschildering: in plaats van geelgrijs is deze vrijwel geheel geel geworden, met op de zijkanten een groot NS-embleem. Deze locomotieven waren tot de komst van de serie 1600 de sterkste trekkrachten van de NS. Zij blijven, evenals de locomotieven serie 1200, tot circa 1997 in dienst.

1983 begann die Modernisierung der Baureihe 1300; die äußerlich auffälligste Änderung war dabei der neue NS-Hausanstrich: statt der bisherigen Farben grau und gelb wurden die Lokomotiven fast völlig gelb mit einem großen NS-Emblem auf den Seitenwänden. Bis zur Ablieferung der Baureihe 1600 war die Reihe 1300 die leistungsfähigste der NS. Sie bleibt, wie die Baureihe 1200, bis etwß 1997 in Betrieb; lediglich die 1303 wurde bereits 1953 nach einem Unfall ausgemustert.

Serie/Baureihe	1300
Nrs./Nrn.	1301-1316
Asindeling/Achsfolge	Co'Co'
Continuvermogen/Dauerleistung	2850 kW
Vmax	135 km/h
Lob/LüP	18952 mm
Dienstgewicht	111 t
Foto Nr.	35, 48, 106

De locomotieven van de serie 1500 (1501-1506) werden in 1954 door de BR werkplaats Gorton gebouwd. Voordat zij in 1969 aan de NS werden verkocht, deden zij als serie 27000 dienst op de Woodheadlijn (Manchester - Sheffield). Van de zeven door de NS overgenomen locomotieven werd er een gebruikt als onderdelenleverancier, de overigen kwamen in de loop van 1970 en 1971 in dienst. Uiterlijk wijken zij door hun smalle opbouw sterk af van het overige NS-materieel. Dit is het gevolg van het kleinere profiel van vrije ruimte bij de BR. De 1502 en de 1505 hebben in 1985 weer bronzen naamplaten gekregen, met hun namen "Ariadne" en "Electra", zoals zij die ook bij de BR gehad hebben. De 1506 werd in 1984 afgevoerd, de 1504 in 1985, de overigen volgden in 1986.

Die Lokomotiven der Baureihe 1500 (1501-1506) wurden 1954 von der Werkstätte Gorton der BR gebaut. Bevor sie 1969 an die NS verkauft wurden, standen sie als Baureihe 27000 auf der Woodheadlinie Manchester - Sheffield in Dienst. Von den sieben von den NS übernommenen Lokomotiven diente eine als Ersatzteilspender, die übrigen wurden 1970 und 1971 in Betrieb genommen. Mit ihrem schmalen Kasten, bedingt durch das kleinere Lichtraumprofil, weichen sie stark ab von dem übrigen Material der NS. Die 1502 und die 1505 erhielten 1985 wieder bronzene Namensschilder mit ihren Namen "Ariadne" und "Electra", wie schon in ihrer BR-Zeit. Die 1506 und die 1504 wurden bereits 1984 bzw. 1985 ausgemustert, die übrigen folgten 1986.

Serie/Baureihe	1500
Nrs./Nrn.	1501-1506
Asindeling/Achsfolge	Co'Co'
Continuvermogen/Dauerleistung	1764 kW
Vmax	135 km/h
Lob/LüP	17983 mm
Dienstgewicht	102 t
Foto Nr.	100

In 1981 werd begonnen met de aflevering van de locomotieven van de serie 1600 (1601-1658). Ook zij werden door Alsthom gebouwd. Deze locomotieven zijn vrijwel gelijk aan die van de serie BB 7200 van de SNCF. De laatste werd in 1983 afgeleverd. Bij deze locomotieven kan met behulp van moderne electronica (thyristors) de snelheid traploos geregeld worden. Dankzij hun vermogen van 4540 kW kunnen zij sneltreinen trekken met een snelheid van 160 km/u en ertstreinen met een gewicht van 2400 ton met 80 km/u. De locomotieven zijn geschikt voor het rijden in treinschakeling (de machinist kan hierbij vanuit de voorste locomotief een of meer soortgelijke machines besturen) en voor het rijden van de nieuwe dubbeldeks trek-duwtreinen. Met deze locomotiefserie keerde de gewoonte om locomotieven namen te geven weer terug. Een groot aantal van hen heeft inmiddels namen gekregen van Nederlandse plaatsen.

In den Jahren 1981-83 erfolgte die Lieferung der Baureihe 1600 (1601-1658) durch Alsthom. Sie ist fast identisch mit der Baureihe BB 7200 der SNCF. Die Fahrgeschwindigkeit dieser Lokomotiven kann mit Hilfe moderner Elektronik (Thyristoren) stufenlos geregelt werden. Mit ihrer Leistung von 4540 kW sind sie in der Lage, Schnellzüge mit einer Geschwindigkeit von 160 km/h und Erzzüge mit einem Gewicht von 2400 Tonnen mit einer Geschwindigkeit von 80 km/h zu befördern. Diese Lokomotiven können auch in Doppeltraktion fahren; u.a. sind sie für die neuen Doppelstockwendezüge vorgesehen. Mit dieser Baureihe wurde der alte Brauch wieder aufgenommen, Lokomotiven Namen zu geben. Mittlerweile tragen viele Lokomotiven der Reihe 1600 die Namen und Wappen niederländischer Städte.

Serie/Baureihe	1600
Nrs./Nrn.	1601-1658
Asindeling/Achsfolge	B'B'
Continuvermogen/Dauerleistung	4540 kW
Vmax	160 km/h
(mogelijk/möglich:	180 km/h)
Lob/LüP	17640 mm
Dienstgewicht	84 t
Foto Nr.	18

1601 Amsterdam
1602 Schiphol
1603 Zutphen
1604 Dordrecht
1605 Breda
1606 Harderwijk
1607 Vlissingen
1608 's Hertogenbosch
1609 Hoofddorp
1610 Hengelo
1611 Venlo
1612 Goes
1613 Roermond
1614 Schiedam
1615 Zandvoort

1616 Oldenzaal
1617 Assen
1618 Almelo
1619 Maastricht
1620 Arnhem
1621 Deventer
1622 Haarlem
1623 Hilversum
1624 Alkmaar
1625 Sittard
1626 Meppel
1627 Gouda
1628 Apeldoorn
1629 Ede
1630 Zwolle

1631 Voorburg
1632 Nijmegen
1633 Bergen op Zoom
1634 (Almere)
1635 Enschede
1636 Heerenveen
1637 Amersfoort
1638 Groningen
1639 Leiden
1640 Steenwijk
1641 (Lelystad)
1642 Weert
1643 Heerlen
1644 Roosendaal
1645 Middelburg

1646 Leeuwarden
1647 Delft
1648 Valkenburg
1649 Oss
1650 Den Haag
1651 Tilburg
1652 Utrecht
1653 Den Helder
1654 Geleen
1655 Eindhoven
1656 Hoogeveen
1657 Rotterdam
1658 Zaandam

Dieselelektrische locomotieven en locomotoren

De locomotoren van de serie 200 (201-369) zijn de kleinste trekkrachten van de NS. De meeste van hen werden gebouwd door Werkspoor, de overigen door de NS, in de jaren 1934-1951. Zij worden hoofdzakelijk gebruikt voor lichte rangeerwerkzaamheden en het trekken van lichte werk- en goederentreinen. De locomotoren hebben een bijnaam: "Sik".

Dieselelektrische Lokomotiven und Kleinlokomotiven

Die Kleinlokomotiven der Baureihe 200 (201-369) sind die kleinsten Triebfahrzeuge der NS. Sie stammen aus den Jahren 1934-1951. Die meisten wurden von Werkspoor gebaut, ein Teil auch durch die NS. Sie werden im leichten Rangierdienst und vor leichten Dienst- und Güterzügen eingesetzt. Sie tragen den Spitznamen "Sik".

Serie/Baureihe	200
Nrs./Nrn.	201-369
Asindeling/Achsfolge	B
Continuvermogen/Dauerleistung	64 kW
Vmax	60 km/h
Lob/LüP	7220 mm
Dienstgewicht	21 t
met kraan/mit Kran	23 t
Foto Nr.	27, 68, 70

De rangeerlocomotieven van de serie 500 (511-545) en de serie 600 (601-665) zijn naar het voorbeeld van Britse War Department-locomotieven door de fabriek Dick Kerr gebouwd in de jaren 1949-1957. De serie 600 onderscheidt zich van de serie 500 door de aanwezigheid van een tweede compressor en luchtslangen, waardoor het mogelijk is meegevoerde wagens te beremmen. Hierdoor zijn de locomotieven van de serie 600 geschikt voor het rijden met goederentreinen over de "vrije baan".

Die Rangierlokomotiven der Baureihen 500 (511-545) und 600 (601-665) wurden nach dem Muster britischer Kriegslokomotiven (War Department Locomotives) von der Lokomotivfabrik Dick Kerr in den Jahren 1949-1957 gebaut. Die Baureihe 600 ist im Gegensatz zur Baureihe 500 mit einem zweiten Kompressor und Schläuchen für die durchgehende Luftbremse ausgestattet. Dadurch ist sie zur Beförderung von Güterzügen auf freier Strecke geeignet.

Serie/Baureihe	500, 600
Nrs./Nrn.	501-545, 601-665
Asindeling/Achsfolge	C
Continuvermogen/Dauerleistung	294 kW
Vmax	30 km/h
Lob/LüP	9068 mm
Dienstgewicht	47 t
Foto Nr.	123

De locomotieven van de serie 2200 (2201-2350) zijn in de jaren 1955-1958 gebouwd door Allan (Rotterdam) en door Schneider (Le Creusot, Frankrijk). Zij werden afgeleverd in de bekende kleur roodbruin. In 1971 werd een begin gemaakt met het schilderen van deze locomotieven in

Die Baureihe 2200 (2201-2350) entstand 1955-58 bei Allan (Rotterdam) und Schneider (Le Creusot, Frankreich). Sie wurde in einem rotbraunen Anstrich ausgeliefert. Ab 1971 erhielten die Lokomotiven die NS-Hausfarben. Sie können in Vielfachsteuerung schwere Güterzüge schlep-

de huisstijlkleuren. De locomotieven zijn geschikt voor het rijden in treinschakeling. Een aantal van deze locomotieven heeft in de afgelopen jaren nieuwe dieselmotoren gekregen, waardoor hun levensduur met circa 15 jaar werd verlengd.

pen. Eine Anzahl dieser Lokomotiven erhielt neue Dieselmotoren, womit ihre Lebensdauer um 15 Jahre verlängert wurde.

Serie/Baureihe	2200
Nrs./Nrn.	2201-2350
Asindeling/Achsfolge	Bo'Bo'
Continuvermogen/Dauerleistung	662 kW
Vmax	100 km/h
Lob/LüP	14010 mm
Dienstgewicht	72 t
Foto Nr.	36, 115

In de jaren 1954-1957 werden door Alsthom de locomotieven van de serie 2400 (2401-2530) voor de NS gebouwd. Enige locomotieven zijn geleverd in een grijsblauwe kleur, de overigen in de kleur roodbruin met uitzondering van de 2530 die in de kleur paars werd afgeleverd. Overigens wijkt deze laatste locomotief door haar hoogliggende cabine sterk af van de andere machines. Na verloop van tijd werden zij allen roodbruin geschilderd. Vanaf 1971 werd begonnen met het "huisstijlen" van deze locomotieven. Ook dit type is geschikt voor het rijden in treinschakeling. Deze serie zal worden vervangen door de in 1985 bestelde diesellocomotieven van de serie 6400.

In den Jahren 1954-1957 wurden von Alsthom die Lokomotiven der Baureihe 2400 gebaut. Einige wurden in graublauer Lackierung ausgeliefert, die übrigen, mit Ausnahme der 2530, in einem rotbraunen Anstrich. Letztere war anfangs violett gespritzt; sie weicht im übrigen mit ihrem hochliegenden Führerstand stark von den anderen Maschinen ab. Nach einigen Jahren erhielten alle den rotbraunen Anstrich, ab 1971 wurden sie in den NS-Hausfarben lackiert. Auch diese Lokomotiven können in Vielfachsteuerung fahren. Diese Baureihe soll durch die 1985 in Auftrag gegebenen Diesellokomotiven der Baureihe 6400 ersetzt werden.

Serie/Baureihe	2400
Nrs./Nrn.	2401-2530
Asindeling/Achsfolge	Bo'Bo'
Continuvermogen/Dauerleistung	626 kW
Vmax	80 km/h
Lob/LüP	12520 mm
(Nr. 2530	13300 mm)
Dienstgewicht	60 t
Foto Nr.	21, 25, 116

Elektrische motorpostrijtuigen

In de jaren 1965 en 1966 werden door Werkspoor de motorpostrijtuigen serie 3000 (3001-3035) gebouwd. Zij vervingen de voor het postvervoer omgebouwde motorrijtuigen van het materieel '24. Omdat zij voorzien zijn van normale buffers en een schroefkoppeling kunnen zij

Elektrische Posttriebwagen

In den Jahren 1965 und 1966 wurden von Werkspoor die Posttriebwagen der Reihe 3000 (3001-3035) gebaut. Sie ersetzten die zur Beförderung von Post umgebauten Triebwagen des "materieel '24". Sie sind mit gewöhnlichen Puffern und Schraubenkupplung ausgestattet, damit sie

goederenwagens meevoeren tot een gewicht van 200 ton. Zij beschikken over een stuurstroomkoppeling die het mogelijk maakt met maximaal drie motorpostrijtuigen in treinschakeling te rijden. In 1979 werden speciaal voor het vervoer van post gebouwde goederenwagens afgeleverd. Deze goederenwagens zijn geschilderd in de kleur PTT-rood. De motorpostrijtuigen zelf waren oorspronkelijk roodbruin. In de jaren zeventig werden zij voorzien van een geel front om de zichtbaarheid te verhogen. In 1976 werden twee motorpostrijtuigen geschilderd in de kleuren NS-geel/PTT-rood. Inmiddels hebben allen deze kleurencombinatie gekregen. De motorpostrijtuigen zijn eigendom van de PTT en worden door de NS onderhouden.

Güterwagen (bis zu 200 t Anhängelast) schleppen können. Maximal drei Triebwagen können in Vielfachsteuerung fahren. 1979 wurden spezielle Güterwagen für die Postbeförderung in Dienst gestellt, die einen roten Anstrich (Hausfarbe der niederländischen Post) erhielten. Die Posttriebwagen selbst waren ursprünglich rotbraun, in den siebziger Jahren wurden die Schnauzen aus Sicherheitsgründen gelb lackiert. Ab 1976 erhielt die ganze Serie einen Anstrich in postrot/NS-gelb. Eigentümer der Fahrzeuge ist die Post, unterhalten werden sie von der NS.

Serie/Baureihe	mP 3000
Nrs./Nrn.	3001-3035
Asindeling/Achsfolge	Bo'Bo'
Continuvermogen/Dauerleistung	488 kW
Vmax	140 km/h
Lob/LüP	26400 mm
Dienstgewicht	52 t
Laadvermogen/Ladegewicht	15 t
Foto Nr.	75, 98

Elektrische treinstellen

Het materieel '46 werd gebouwd als tweerijtuigtreinstel (plan A, B en C; nrs. 221-299) en als vierrijtuigtreinstel (plan A, B en AB; nrs. 641-705) door Werkspoor, Allan en Beynes (Haarlem) in de jaren 1948-1953. Vier tweerijtuigtreinstellen werden in 1969 geel geschilderd. De overigen zijn altijd groen gebleven. In 1983 werden de laatsten van deze oerdegelijke treinstellen afgevoerd.

Elektrische Triebwagen

Das "materieel '46" wurde 1948-53 als Zweiwagenzug (Plan A, B und C; Nrn. 221-299) und als Vierwagenzug (Plan A, B und AB; Nrn. 641-705) gebaut. Hersteller waren die Firmen Werkspoor, Allan und Beynes (Haarlem). Vier Zweiwagenzüge erhielten in den siebziger Jahren einen gelben Anstrich, die übrigen behielten ihre grüne Lackierung. Die letzten dieser zuverlässigen Triebwagenzüge wurden 1983 ausgemustert.

Serie/Baureihe	mat. '46	mat. '46
Nrs./Nrn.	221-299	641-705
Asindeling/Achsfolge	Bo'2'Bo'	Bo'2'Bo'+Bo'2'Bo'
Continuvermogen/Dauerleistung	795 kW	1590 kW
Vmax	130 km/h	130 km/h
Lok/LüK	45400 mm	87820 mm
Dienstgewicht	89 t	169 t
Zitplaatsen/Sitzplätze 1. Kl.	24	42
2. Kl.	80	179
Foto Nr.	120, 122	53

Het materieel '54 werd eveneens gebouwd als tweerijtuigtreinstel (plan F, G, M en Q; nrs. 321-365 en 371-393) en als vierrijtuigtreinstel (plan F, G en P; nrs. 711-757 en 761-786) door Werkspoor, Allan en Beynes in de jaren 1956-1962. De oorspronkelijk groene treinstellen werden tussen 1968 en 1980 geel geschilderd. In 1969 brandde treinstel 776 te Akkrum voor de helft uit. Het werd daarna voorzien van een geheel nieuw interieur in coach-opstelling en geschilderd in de nieuwe kleuren geel/blauw. Het treinstel kreeg het nummer 1970 en stond model voor een ingrijpende verbouwing van nog eens 37 vierrijtuigtreinstellen. Ook zij kregen de intercitykleuren geel/blauw. De verbouwde treinstellen kregen nummers in de serie 1700, waarbij zij in principe hun oorspronkelijk volgnummer behielden. Zij worden meer en meer uit de belangrijkste intercitydiensten verdrongen door de nieuwe intercitytreinstellen (ICM-1). In de jaren negentig zullen zij worden afgevoerd. Tegelijkertijd met het materieel '54 werden 12 Benelux-treinstellen besteld voor het verkeer tussen Amsterdam en Antwerpen/Brussel. In 1957 werden zij afgeleverd: 8 aan de NS (nrs. 1201-1208) en 4 aan de NMBS (nrs. 220901-220904). Deze tweerijtuigtreinstellen, die veel met het materieel '54 gemeen hebben, werden gebouwd door Werkspoor. Het Benelux-materieel is geschilderd in een donkerblauwe kleur met een gele band. De Benelux-treinstellen, het materieel '46 en het materieel '54 kunnen in willekeurige combinaties aan elkaar gekoppeld worden tot een maximum van 14 rijtuigen. Alle "Benelux-treinstellen", dus ook de Belgische, worden door de NS in Haarlem onderhouden.

Das "materieel '54" entstand von 1956 bis 1962 ebenfalls in den Varianten als Zweiwagenzug (Plan F, G, M und Q; Nrn. 321-365 und 371-393) und als Vierwagenzug (Plan F, G und P; Nrn. 711-757 und 761-786), wiederum gebaut von Werkspoor, Allan und Beynes. Zwischen 1971 und 1979 erhielten diese ursprünglich grünen Triebwagenzüge einen gelben Anstrich. Der Triebwagenzug 776 brannte 1969 in Akkrum zur Hälfte aus; er erhielt daraufhin eine völlig neugestaltete Inneneinrichtung und wurde in den neuen Farben gelb und blau lackiert. Er bekam die Nummer 1970 und diente als Vorbild für den Umbau 37 weiterer Vierwagenzüge. Sie wurden in die neue Nummernreihe 1700 eingeordnet und behielten bis auf wenige Ausnahmen ihre ursprünglichen Endziffern. Sie werden immer mehr von den neuen Intercitytriebwagenzügen (ICM-1) aus den wichtigsten Intercityverbindungen verdrängt. In den neunziger Jahren sollen sie ausgemustert werden.
Gleichzeitig mit dem "materieel '54" wurden 12 Benelux-Triebwagenzüge für den Verkehr zwischen Amsterdam und Antwerpen/Brüssel in Auftrag gegeben. Sie wurden 1957 ausgeliefert: 8 an die NS (Nrn. 1201-1208) und 4 an die SNCB (Nrn. 220901-220904). Diese stark mit dem "materieel '54" verwandten Zweiwagenzüge wurden von Werkspoor gebaut. Sie haben einen dunkelblauen Anstrich mit einem gelben Band. Die Benelux-Triebwagen, die Züge des "materieel '46" und des "materieel '54" können in jeder Zusammenstellung bis zu 14 Wagen kombiniert werden. Die Benelux-Triebwagen, also auch die belgischen, werden von der Werkstätte Haarlem der NS unterhalten.

Serie/Baureihe	materieel '54								
Nrs./Nrn.	321-365	371-393	711-757	761-786	1970	1711,21,31 33,35,37,41	1743-46, 48-50,55,57	1761-68	1780-91
Asindeling/Achsfolge	Bo'2'+2'Bo'		Bo'Bo'+2'2'+2'2'+Bo'Bo'						
Continuvermogen/Dauerleistung	677 kW	677 kW	1354 kW	1354 kW	1345 kW	1354 kW	1354 kW	1354 kW	1354 kW
Vmax	140 km/h	140 km/h	140 km/h	140 km/h	140 km/h	140 km/h	140 km/h	140 km/h	140 km/h
Lok/LüK	51120 mm	51120 mm	99260 mm	99260 mm	99260 mm	99260 mm	99260 mm	99260 mm	99260 mm
Dienstgewicht	110 t	104 t	213 t	206 t	206 t	213 t	213 t	206 t	206 t
Zitplaatsen/Sitzplätze 1. Kl.	24	24	48	48	93	48	48	48	45
2. Kl.	96	24	168	168	89	160	158	158	138
Buffet	-	-	22	22	22	22	22	22	22
Foto Nr.	73	11	28	22	-	-	12	-	23

Serie/Baureihe	Benelux		
Nrs./Nrn.	1201-1208	Lok/LüK	51140 mm
Asindeling/Achsfolge	Bo'2'+2'Bo'	Dienstgewicht	116 t
Continuvermogen/Dauerleistung	608 kW	Zitplaatsen/Sitzplätze 1. Kl.	24
Vmax	130 km/h	2. Kl.	96
		Foto Nr.	89

De vierrijtuigtreinstellen plan T (nrs. 501-531) werden gebouwd in de jaren 1963-1965 door Werkspoor. Overigens werd het prototype (de 501, het "Treinstel Toekomst") van deze nieuwe generatie stoptreinmaterieel, met als belangrijkste kenmerken een verhoogde aanzetsnelheid en centraal bediende deursluiting, al in 1961 gebouwd. De 501 wijkt qua indeling af van de serie-treinstellen. Zij werden afgeleverd in de kleur groen met een cremekleurige band. Vanaf 1968 werden zij alle geel geschilderd. De treinstellen zijn koppelbaar met de uit hun ontwikkelde tweerijtuigtreinstellen plan V.

Die Vierwagenzüge Plan T (Nrn. 501-531) wurden in den Jahren 1963-1967 gebaut. Der Prototyp 501 (der "Triebwagenzug der Zukunft") dieser neuen Generation Triebwagenzüge für den Nahverkehr, deren wichtigste Merkmale eine rasche Beschleuningung und die zentrale Türschließung sind, wurde bereits 1961 ausgeliefert; seine Inneneinrichtung unterscheidet sich etwas von den Serienzügen. Alle Triebwagen Plan T hatten einen grünen Anstrich mit einem cremefarbigen Band. In den siebziger Jahren erhielten sie den NS-Hausanstrich. Sie können kombiniert werden mit den aus ihnen entwickelten Zweiwagenzügen Plan V.

Serie/Baureihe	Plan T	Plan T
Nrs./Nrn.	501	502-531
Asindeling/Achsfolge	2'2'+Bo'Bo'+Bo'Bo'+2'2'	
Continuvermogen/Dauerleistung	1400 kW	1400 kW
Vmax	140 km/h	140 km/h
Lok/LüK	98760 mm	101240 mm
Dienstgewicht	163 t	169 t
Zitplaatsen/Sitzplätze 1. Kl.	41	42
2. Kl.	240	208
Buffet	-	22
Foto Nr.	-	114

De treinstellen plan V werden gebouwd door Werkspoor en Talbot (Aken) in de jaren 1966-1976. Het is de grootste serie treinstellen (246 stuks gebouwd) van de NS. De series 401-438, 441-483, 801-840 en 841-965 zijn quß indeling niet aan elkaar gelijk. De eerste 30 treinstellen kwamen op de baan in dezelfde kleuren als plan T. De overigen (vanaf 1968) in de huisstijlkleur geel met lichtblauwe reclamebanen. Ook de groene treinstellen verkregen deze beschildering.

Die Triebwagenzüge Plan V wurden in den Jahren 1966-1976 von Werkspoor und Talbot (Aachen) geliefert. Sie sind mit 246 Stück die zahlenmäßig stärkste Baureihe der NS. Die Serien 401-438, 441-483, 801-840 und 841-965 unterscheiden sich etwas in der Inneneinrichtung. Die ersten 30 Einheiten wurden in denselben Farben ausgeliefert wie Plan T, die übrigen (ab 1968) erhielten sofort den NS-Hausanstrich für Triebwagenzüge: gelb mit schrägen hellblauen Bahnen für Werbungszwecke. Auch die ersten 30 Triebwagenzüge erhielten nachträglich diese Lackierung.

Serie/Baureihe	Plan V	Plan V	Plan V
Nrs./Nrn.	401-438	441-483	801-965
Asindeling/Achsfolge	2'Bo'+Bo'2'	2'Bo'+Bo'2'	2'Bo'+Bo'2'
Continuvermogen/Dauerleistung	726 kW	726 kW	726 kW
Vmax	140 km/h	140 km/h	140 km/h
Lok/LüK	52140 mm	52140 mm	52140 mm
Dienstgewicht	86 t	86 t	86 t
Zitplaatsen/Sitzplätze 1. Kl.	24	24	24
2. Kl.	104	118	104
Foto Nr.	81	55	42

De serie tweerijtuigtreinstellen SGM-0 (plan Y; nrs. 2001-2015) en SGM-1 (nrs. 2021-2080) werden gebouwd door Talbot. De proefserie (SGM-0) werd afgeleverd in 1975 en 1976, de vervolgserie (SGM-1) in de jaren 1978-1980. Deze serie werd in 1983 gevolgd door een serie drierijtuigtreinstellen SGM-2 (nrs. 2881-2895). De treinstellen 2036-2080 werden in 1983 en 1984 met een tussenrijtuig verlengd en kregen de nummers 2836-2880. De tussenrijtuigen beschikken niet over motordraaistellen. Alle treinstellen dragen de naam "Sprinter".

Die Zweiwagenzüge SGM-0 (Plan Y, Nrn. 2001-2015) und SGM-1 (Nrn. 2021-2080) wurden von Talbot gebaut. Die Vorserienfahrzeuge (SGM-0) urden 1975 und 1976 ausgeliefert, die Serienfahrzeuge (SGM-1) in den Jahren 1978-1980. Im Jahre 1983 folgte eine Serie Dreiwagenzüge SGM-2 (Nrn. 2881-2895). Zu gleicher Zeit wurden die Triebwagenzüge 2036-2080 um einen Mittelwagen verlängert und erhielten die Nummern 2836-2880. Die Achsen der Mittelwagen sind, im Gegensatz zu denen der Endwagen, nicht angetrieben. Alle SGM-Triebwagenzüge tragen den Namen "Sprinter".

Serie/Baureihe	SGM-0	SGM-1
Nrs./Nrn.	2001-2015	2021-2080
Asindeling/Achsfolge	Bo'Bo'+Bo'Bo'	
Continuvermogen/Dauerleistung	1280 kW	1280 kW
Vmax	125 km/h	125 km/h
Lok/LüK	52200 mm	52200 mm
Dienstgewicht	105 t	105 t
Zitplaatsen/Sitzplätze 1. Kl.	32	32
2. Kl.	112	112
Foto Nr.	83	82

Serie/Baureihe	SGM-1	SGM-2
Nrs./Nrn.	2836-2880	2881-2895
Asindeling/Achsfolge	Bo'Bo'+2'2'+Bo'Bo'	
Continuvermogen/Dauerleistung	1280 kW	1280 kW
Vmax	119 km/h	119 km/h
Zitplaatsen/Sitzplätze 1. Kl.	40	40
2. Kl.	184	184
Foto Nr.	85	69

De drierijtuigtreinstellen ICM-0 (proefserie plan Z; nrs. 4001-4007) en ICM-1 (vervolgserie; nrs. 4011-4050) zijn bedoeld voor het intercityverkeer van de Randstad naar het noorden en oosten van het land. De proefserie werd door Talbot gebouwd in 1977. Eind 1983 begon de aflevering van de vervolgserie. De treinstellen beschikken over een zogenaamde doorloopkop, waardoor het mogelijk is tijdens de rit van het ene treinstel naar het andere te gaan. De doorloopkoppen kunnen automatisch gekoppeld worden. De treinstellen van de proefserie worden zodanig gewijzigd dat zij met die van de vervolgserie gekoppeld kunnen worden. In verband met de opening van de doorgaande verbinding Amsterdam CS - Schiphol werden in 1986 de treinstellen 4011 en 4012 in de kleuren van respectievelijk de KLM en Martinair gespoten.

Die Dreiwagenzüge ICM-0 (Plan Z; Nrn. 4001-4007) und ICM-1 (Nrn. 4011-4050) wurden für den Intercityverkehr zwischen der "Randstad Holland" (Sammelname für die Städte im Westen des Landes von Amsterdam bis Dordrecht) und dem Norden und Osten des Landes entwickelt. Die Vorserienfahrzeuge (ICM-0) wurden 1977 von Talbot ausgeliefert, die Serienfahrzeuge (ICM-1) ab 1983. Diese Triebwagenzüge haben hochliegende Führerstände und sind an beiden Enden mit hinter Türen verborgenen Faltenbälgen ausgestattet, die den Durchgang vom einen zum anderen Triebwagenzug ermöglichen. Die Faltenbälge können selbsttätig gekuppelt werden. Die Vorserienzüge werden so umgebaut, daß sie mit den Serienzügen kombiniert werden können. Im Zusammenhang mit der Eröffnung der durchgehenden Verbindung Amsterdam CS - Schiphol wurden die beiden Triebzüge 4011 und 4012 in den Farben der niederländischen Fluggesellschaften KLM und Martinair gespritzt.

Serie/Baureihe	ICM-0	ICM-1
Nrs./Nrn.	4001-4007	4011-4050
Asindeling/Achsfolge	Bo'Bo'+2'2'+2'2'	
Continuvermogen/Dauerleistung	1250 kW	1250 kW
Vmax	160 km/h	160 km/h
Lok/LüK	80600 mm	80600 mm
Dienstgewicht	144 t	143 t
Zitplaatsen/Sitzplätze 1. Kl.	35	35
2. Kl.	155	149
Foto Nr.	49	57

Dieseltreinstellen

Het dieselelektrische motorrijtuig 20 werd in 1954 gebouwd door Allan. Het was bedoeld voor inspectieritten. Het motorrijtuig werd afgeleverd in een lichtblauwe kleur. In 1973 werd het geel geschilderd. Tegenwoordig kan het motorrijtuig gehuurd worden voor gezelschapsreizen.

Dieseltriebwagenzüge

Der dieselelektrische Triebwagen 20 wurde 1954 von Allan gebaut. Er diente zu Inspektionsfahrten und hatte ursprünglich einen hellblauen Anstrich; 1973 wurde er gelb lackiert. Heute kann dieser Triebwagen, wie in Deutschland der gläserne Zug, zu Gesellschaftsausflügen gemietet werden.

Serie/Baureihe	20
Nr.	20
Asindeling/Achsfolge	Bo'Bo'
Continuvermogen/Dauerleistung	238 kW
Vmax	125 km/h
Lob/LüP	25.550 mm
Dienstgewicht	58 t
Zitplaatsen/Sitzplätze 1. Kl.	24
Foto Nr.	97

De dieselelektrische motorrijtuigen DE-1 (plan X; nrs. 21-50) en tweerijtuigtreinstellen DE-2 (plan X; nrs. 61-106) werden door Allan gebouwd in 1953 en 1954. Zij werden afgeleverd in een lichtblauwe kleur. In de jaren zestig werden zij rood geschilderd. In 1975 is, bij wijze van proef, treinstel 88 verbouwd. Het treinstel kreeg onder andere een nieuw interieur, nieuwe ramen, nieuwe dieselmotoren en werd geel geschilderd. De verbouwing werd uitgevoerd door de hoofdwerkplaats Haarlem. In de jaren 1977-1981 werden nog 25 treinstellen op soortgelijke wijze verbouwd. De verbouwde treinstellen kregen de nummers 161-186. De motorrijtuigen DE-1 en de niet verbouwde treinstellen DE-2 zijn inmiddels allemaal afgevoerd.

Die dieselelektrischen Triebwagen DE-1 (Plan X; Nrn. 21-50) und Zweiwagenzüge DE-2 (Plan X; Nrn. 61-106) wurden 1953 und 1954 von Allan gebaut. Sie waren anfangs hellblau, in den sechziger Jahren wurden sie rot lackiert. Versuchsweise baute die Hauptwerkstätte Haarlem 1975 den Triebwagenzug 88 um. Er erhielt eine völlig neu gestaltete Inneneinrichtung, neue Fenster, neue Dieselmotoren und einen gelben Anstrich. In den Jahren 1977-1981 wurden nochmals 25 Triebwagenzüge in gleicher Weise umgebaut. Die modernisierten Fahrzeuge erhielten die Nummern 161-186. Inzwischen sind die Triebwagen DE-1 und die nicht umgebauten Triebwagen DE-2 ausgemustert worden.

Serie/Baureihe	DE-1	DE-2	DE-2
Nrs./Nrn.	21-50	61-106	161-186
Asindeling/Achsfolge	Bo'Bo'	Bo'2'Bo'	Bo'2'Bo'
Continuvermogen/Dauerleistung	206 kW	353 kW	353 kW
Vmax	120 km/h	120 km/h	120 km/h
Lok/LüK	27050 mm	45400 mm	45500 mm
Dienstgewicht	57 t	86 t	86 t
Zitplaatsen/Sitzplätze 1. Kl.	8	28	16
2. Kl.	5	105	136
Foto Nr.	20	1	5

De dieselelektrische drierijtuigtreinstellen plan U (DE-3; nrs. 111-152) werden door Werkspoor gebouwd in de jaren 1960-1963. Dit materieel was nodig om een aantal vooroorlogse dieseltreinstellen te vervangen. In vele opzichten waren zij de voorlopers van de treinstellen plan T en plan V. Hun oorspronkelijke kleur was rood. Vanaf 1968 werden zij geel geschilderd. Vanaf 1980 kregen zij nieuwe dieselmotoren.

Die dieselelektrischen Dreiwagenzüge Plan U (DE-3; Nrn. 111-152) entstanden in den Jahren 1960-1963 bei Werkspoor. Sie ersetzten eine Anzahl dieselelektrischer Triebwagenzüge aus den dreißiger Jahren. In mancher Hinsicht waren sie die Vorläufer der Triebwagenzüge Plan T und Plan V. Ihre ursprüngliche Farbe war rot. In den siebziger Jahren erhielten sie den NS-Hausanstrich. Ab 1980 wurden neue Dieselmotoren eingebaut.

Serie/Baureihe	DE-3/Plan U
Nrs./Nrn.	111-152
Asindeling/Achsfolge	Bo'Bo'+2'2'+2'2'
Continuvermogen/Dauerleistung	736 kW
Vmax	125 km/h
Lok/LüK	74430 mm
Dienstgewicht	137 t
Zitplaatsen/Sitzplätze 1. Kl.	24
2. Kl.	168
Foto Nr.	19 (Titelfoto)

De dieselhydraulische tweerijtuigtreinstellen DH-2 (nrs. 3201-3231) en motorrijtuigen DH-1 (nrs. 3101-3119) werden gebouwd door Düwag (Uerdingen, BRD) in de jaren 1981-1983. Zij waren bedoeld om de oude motorrijtuigen DE-1 en treinstellen DE-2 te vervangen en tevens de exploitatie van de noordelijke diesellijnen te kunnen vereenvoudigen (o.a. eenmansbediening).

Die dieselhydraulischen Zweiwagenzüge DH-2 (Nr. 3201-3231) und Triebwagen DH-1 (Nrn. 3101-3119) der Baujahre 1981-83 stammen von DUEWAG (Werk Uerdingen). Sie dienten als Ersatz für die Serien DE-1 und DE-2 und sollten zugleich den Betrieb auf den nördlichen Nebenbahnen vereinfachen (unter anderem Einmannbetrieb).

Serie/Baureihe	DH-1	DH-2
Nrs./Nrn.	3101-3119	3201-3231
Asindeling/Achsfolge	2'B'	2'B'+B'2'
Continuvermogen/Dauerleistung	212 kW	424 kW
Vmax	100 km/h	100 km/h
Lok/LüK	22310 mm	43450 mm
Dienstgewicht	35 t	69 t
Zitplaatsen/Sitzplätze 2. Kl.	56	140
Foto Nr.	4	3

Benelux-trek-duw-materieel

In 1973 en 1974 werd het Benelux-trek-duw-materieel in dienst gesteld als aanvulling op de Benelux-treinstellen. De stuurstandrijtuigen, die omgebouwd werden uit restauratierijtuigen plan D, en de B-rijtuigen plan W-1 werden geleverd door de NS. De A- en de AB-rijtuigen, alsme-

Die Benelux-Wendezüge

Die Inbetriebsetzung der Benelux-Wendezüge erfolgte 1973/74 als Ergänzung zu den Benelux-Triebwagenzügen. Die aus Speisewagen der Bauart Plan D umgebauten Steuerwagen und die B-Wagen der Bauart Plan W-1 stellten die NS, die A- und AB-Wagen und die Zweisystemloko-

de de tweesysteemlocomotieven van de serie 25 (2551-2558) werden geleverd door de NMBS (fotos 76, 79, 91). In de loop van de winterdienst 1986/87 wordt dit materieel en ook de Benelux-treinstellen vervangen door nieuw trek-duw-materieel. De locomotieven worden wederom door de NMBS gesteld (serie 11, nrs. 1181-1192), de rijtuigen en het stuurstandrijtuig door de NS. Deze rijtuigen, die speciaal gebouwd zijn voor deze diensten, zijn afgeleid van het bestaande ICR-materieel. Deze nieuwe Benelux-treinen zijn in de kleuren NS-geel en NMBS-bordeaux-rood geschilderd.

motiven der Baureihe 25 (2551-2558) stammen von der SNCB (Fotos 76, 79, 91). Während des Winterfahrplans 1986/87 sollen diese Wendezüge wie auch die Benelux-Triebwagen durch neue Wendezüge ersetzt werden. Die Lokomotiven stellt wiederum die SNCB (Baureihe 11, Nrn. 1181-1192), die Wagen die NS. Diese werden speziell für diesen Einsatz gebaut und sind aus dem bestehenden ICR-Material abgeleitet. Die neuen Züge erhalten die Farben NS-Gelb und SNCB-Bordeauxrot.

Het nieuwe Benelux-materieel onderweg van Talbot (Aken) naar Maastricht, gefotografeerd nabij Vetschau (Duitsland). [11-11-86]

Neue Benelux-Wagen auf dem Weg vom Herstellerwerk Talbot (Aachen) nach Maastricht, aufgenommen bei Vetschau.

Buitenlands materieel

Naast het reeds genoemde Benelux-materieel komen ook andere locomotieven en treinstellen van buitenlandse spoorwegmaatschappijen over de Nederlandse grenzen. In dit boek worden alleen een aantal van die typen getoond, die verder rijden of reden dan het grensstation. Het betreft hier de serie 15 van de NMBS (Foto 90) en de series 216 en 515 van de DB (fotos 2, 127).

Ausländische Triebfahrzeuge

Neben dem erwähnten Benelux-Material fahren auch andere Lokomotiven und Triebwagenzüge ausländischer Bahngesellschaften über niederländische Schienen. In diesem Buch wird nur eine Anzahl jener Baureihen gezeigt, die über den Grenzbahnhof hinausfahren. Es handelt sich um die Baureihe 15 der SNCB (Foto 90) und die Baureihen 216 und 515 der DB (Fotos 2, 127).

Tot slot een overzicht van de hoofd- en lijnwerkplaatsen van de NS met het daar in onderhoud zijnde materieel (oct. 1986).

Hoofdwerkplaatsen

Tilburg:
- alle locomotieven
- Plan U
- DH-1 en DH-2
- dubbeldeks-rijtuigen

Haarlem:
- alle treinstellen, behalve Plan U, DH-1 en DH-2
- motorpostrijtuigen
- alle rijtuigen, behalve de dubbeldeks-rijtuigen

Amersfoort:
- goederenwagens

Lijnwerkplaatsen

Maastricht:
- alle electrische locomotieven
- Plan V nrs. 401-438, 904-965
- DE-2 nrs. 182-186
- IC-rijtuigen (behalve de Benelux-rijtuigen)
- Plan W (behalve de Benelux-rijtuigen)
- Plan E (behalve de rijtuigen, die geschikt zijn voor het rijden in trek-duw-treinen met diesellocomotieven)

Zwolle:
- alle diesellocomotieven
- Plan U
- DH-1
- DH-2
- DE-2 nrs. 161-181
- Plan E (een gedeelte)
- energierijtuigen

Onnen:
- mat.'54 nrs. 371-374, alle vierrijtuigtreinstellen behalve Nr. 1970

Abschließend eine Übersicht über die Hauptwerkstätten und Betriebswerke der NS mit den jeweils zugeteilten Fahrzeugen (Stand Oktober 1986).

Hauptwerkstätten (hoofdwerkplaatsen)

Tilburg:
- sämtliche Lokomotiven
- Plan U
- DH-1 und DH-2
- Doppelstockwagen

Haarlem:
- sämtliche Triebwagenzüge außer Plan U, DH-1 und DH-2
- Posttriebwagen
- alle Reisezugwagen außer Doppelstockwagen

Amersfoort:
- Güterwagen

Betriebswerke (lijnwerkplaatsen)

Maastricht:
- alle elektrischen Lokomotiven
- Plan V Nr. 401-438, 904-965
- DE-2 Nr. 182-186
- IC-Wagen (außer Benelux)
- Plan W (außer Benelux)
- Plan E (außer Wagen für Dieselwendezüge)

Zwolle:
- alle Diesellokomotiven
- Plan U
- DH-1
- DH-2
- DE-2 Nr. 161-181
- Plan E teilweise
- Energiewagen

Onnen:
- mat.'54 Nr. 371-374 sowie alle Vierwagenzüge außer Nr. 1970

Leidschendam:
- ICM
- SGM
- Plan T nrs. 517-531
- mat.'54 nr. 1970 en alle tweerijtuigtreinstellen behalve de nrs. 371-374
- rijtuigen voor reisbureau-extratreinen

Amsterdam Zaanstraat:
- Benelux-materieel
- dubbeldeks-rijtuigen
- Plan V nrs. 441-483, 801-903
- Plan T nrs. 501-516
- motorpostrijtuigen

Leidschendam:
- ICM
- SGM (Sprinter)
- Plan T Nr. 517-531
- mat.'54 Nr. 1970 sowie alle Zweiwagenzüge außer Nr. 371-374
- Wagen für Reisebürosonderzüge

Amsterdam Zaanstraat:
- Benelux
- Doppelstockwagen
- Plan V Nr. 441-483, 801-903
- Plan T Nr. 501-516
- Posttriebwagen

Materieelbestand van de NS (locomotieven en treinstellen), telkens op 31 december

Triebfahrzeugbestand der NS, jeweils zum 31. Dezember

Serie	Oorspr. nrs. Urspr. Nrn.	1978	1979	1980	1981	1982	1983	1984	1985	Serie	Oorspr. nrs. Urspr. Nrn.	1978	1979	1980	1981	1982	1983	1984	1985
1000	1001-1010	8	8	8	6	–	–	–	–	Benelux	1201-1208	8	8	8	8	8	8	8	8
1100	1101-1160	58	58	58	58	58	58	58	56	Plan T	501-531	31	31	31	31	31	31	31	31
1200	1201-1225	25	25	25	25	25	25	25	25	Plan V	401…483,								
1300	1301-1316	15	15	15	15	15	15	15	15		801-965	244	244	244	244	244	243	243	243
1500	1501-1506	6	6	6	6	6	6	5	4	SGM-0	2001-2015	15	15	15	15	15	15	15	15
1600	1601-1658	–	–	–	21	51	58	58	58	SGM-1	2021-2080	5	36	60	60	60	36	15	15
200	201-369	127	127	127	127	127	127	127	127	SGM-1	2836-2880	–	–	–	–	–	24	45	45
500	511-545	25	26	22	22	22	22	19	19	SGM-2	2881-2895	–	–	–	–	–	15	15	15
600	601-665	65	65	65	65	65	65	65	65	ICM-0	4001-4007	7	7	7	7	7	7	7	7
2200	2201-2350	134	134	134	133	132	131	125	125	ICM-1	4011…	–	–	–	–	–	–	18	26
2400	2401-2530	115	113	113	112	111	110	88	88	20	20	1	1	1	1	1	1	1	1
mP 3000	3001-3035	33	33	33	33	33	33	33	33	DE-1	21-50	30	28	27	22	12	7	6	–
mat. '46	221-299	62	51	50	47	31	–	–	–	DE-2	61-106	31	24	18	16	16	12	8	–
	641-705	38	32	26	22	20	–	–	–	DE-2	161-186	13	20	24	26	26	26	26	25
mat. '54	321…393	67	67	67	67	67	67	67	67	Plan U	111-152	42	42	42	42	42	42	42	42
	711…786	35	35	35	34	34	34	34	34	DH-1	3101-3119	–	–	–	–	–	19	19	19
	1970	1	1	1	1	1	1	1	1	DH-2	3201-3231	–	–	8	30	31	31	31	31
	1711…1791	36	36	36	37	37	37	37	37										

Het Noorden van Nederland

1 Nabij Sauwerd is treinstel 95 (DE-2) op weg van Roodeschool naar Groningen. Een aantal van deze treinstellen was uitgerust met een mobilofooninstallatie ten behoeve van de Centrale Radio Verkeersleiding (CRVL). De CRVL regelde op radiografische wijze de beveiliging op het baanvak Sauwerd-Roodeschool van 29 oktober 1967 tot 18 september 1983. [3-7-1982]

Triebwagenzug 95 (DE-2) nahe bei Sauwerd unterwegs von Roodeschool nach Groningen. Einige dieser Triebwagenzüge waren mit Funksprechgeräten ausgerüstet. Vom 29. Oktober 1967 bis 18. September 1983 erfolgte die Sicherung der Strecke Sauwerd-Roodeschool durch Bahnfunk (CRVL).

2 Een normale verschijning op enkele Nederlandse grensbaanvakken waren de locomotieven van de serie 216 van de DB. Wegens een locomotieventekort bij de NS werden een aantal van deze dieselhydraulische machines bij de DB gehuurd voor het binnenlands vervoer. Op de foto trekt locomotief 216 147 (depot Oldenburg) nabij Sauwerd trein 770502 van Delfzijl naar Onnen. [18-2-1980]

Eine alltägliche Erscheinung auf einigen niederländischen Grenzstrecken waren Lokomotiven der Baureihe 216 der DB. Wegen Lokmangels mietete die NS eine Anzahl dieser dieselhydraulischen Lokomotiven für den Inlandsverkehr. Auf dem Bild zieht Lokomotive 216 147 (Bw Oldenburg) in der Nähe von Sauwerd den Güterzug 770502 (Delfzijl-Onnen).

3 In de buurt van Adorp is treinstel 3202 (DH-2) als trein 8852 onderweg van Delfzijl naar Groningen. Dit treinstel is een van de dieselhydraulische treinstellen die de NS heeft laten bouwen voor de noordelijke diesellijnen. Het nieuwe dieselmaterieel rijdt sinds december 1981 de volledige dienst op de lijn Groningen-Delfzijl. Sedert augustus 1982 is dit ook op de lijn Groningen-Roodeschool het geval. [5-8-1983]

Triebwagenzug 3202 (DH-2) als Zug 8852 (Delfzijl-Groningen) bei Adorp. Er gehört zu den dieselhydraulischen Triebwagenzügen, die die NS für die nördlichen Nebenstrecken bauen ließ. Seit Dezember 1981 wird der gesamte Verkehr auf der Strecke Groningen-Delfzijl und seit August 1982 auch auf der Strecke Groningen-Roodeschool damit abgewickelt.

4 Naast de dieselhydraulische tweerijtuig-treinstellen (DH-2) heeft de NS ook een serie dieselhydraulische motorrijtuigen (DH-1) laten bouwen. In Groningen rijden de motorrijtuigen 3106 en 3104 als trein 8327 (Groningen-Winschoten) onder de seinbrug bij post VI door. Op de lijn Groningen-Nieuwe Schans wordt sinds juni 1983 de volledige dienst uitgevoerd met dit dieselhydraulische materieel. [16-8-1983]

Neben den zweiteiligen dieselhydraulischen Triebwagenzügen (DH-2) besitzt die NS auch eine Serie einteiliger Einheiten (DH-1). In Groningen wird gerade die Signalbrücke beim Stellwerk VI von den Triebwagen 3106 und 3104 unterfahren (Zug 8327 Groningen-Winschoten). Bis auf die Züge von und nach Deutschland wird seit Juni 1983 der gesamte Verkehr auf der Strecke Groningen-Nieuwe Schans mit DH-Triebfahrzeugen abgewickelt.

5 Ter hoogte van Martenshoek rijdt treinstel 168 als trein 8366 van Winschoten naar Groningen. Dit treinstel behoort tot een serie van 26 treinstellen die tussen 1975 en 1981 zijn ontstaan door verbouwing van treinstellen uit de serie 61-106 (DE-2). [17-7-1981]

Triebwagenzug 168 gehört zu einer Serie von 26 Wagen, die zwischen 1975 und 1981 durch Umbau aus Fahrzeugen der Serie 61-106 (DE-2) entstanden. Die Aufnahme entstand unweit Martenshoek (Zug 8366, Winschoten-Groningen).

6   Treinstel 74 (DE-2) rijdt als trein 8358 (Winschoten-Groningen) langs post T van het station Hoogezand-Sappemeer. Oorspronkelijk hadden deze treinstellen evenals de motorrijtuigen van de serie 21-50 (DE-1) een blauwe kleur, waaraan zij hun bijnaam "Blauwe Engelen" te danken hadden. [17-7-1981]

Triebwagenzug 74 als Zug 8358 (Winschoten-Groningen) passiert das Stellwerk T des Bahnhofs Hoogezand-Sappemeer. Es handelt sich um einen nicht umgebauten DE-2. Ursprünglich waren diese Triebwagenzüge und die bauartgleiche Serie 21-50 (DE-1) blau, was ihnen den Spitznamen "blaue Engel" einbrachte.

7   In Visvliet staat het sein veilig voor trein 8668 Groningen-Leeuwarden. De trein bestaat uit de treinstellen 3224 en 3229 (DH-2). Het station van Visvliet is het enige in Nederland waar minder dan één reizigerstrein per uur per richting

Zug 8668 Groningen-Leeuwarden, bestehend aus den DH-2-Triebwagen 3224 und 3229, hat freie Fahrt in Visvliet. Visvliet ist der einzige Bahnhof in den Niederlanden, wo nicht pro Stunde und Richtung ein Zug hält. Im Hintergrund ist das Bahnhofsgebäude zu sehen, das zugleich Blockstelle war. Nach Inbetriebnahme der neuen ferngesteuerten Sicherungsanlagen wurde es im Dezember 1983 abgerissen.

8   Treinstel 3214 (DH-2) heeft zojuist het Friese plaatsje Deinum gepasseerd. Het is onderweg als trein 8245 van Leeuwarden naar Harlingen. De dienst op de lijn Leeuwarden-Harlingen werd in het kader van het Project Exploitatievereenvoudiging Noordelijke Nevenlijnen als laatste voorzien van dieselhydraulisch materieel. [12-5-1984]

Der DH-2 3214 hat gerade das friesische Deinum passiert. Er ist als Zug 8245 unterwegs von Leeuwarden nach Harlingen. Im Rahmen des Planes "Vereinfachung des Betriebsdienstes auf den nördlichen Nebenlinien" erhielt die Strecke Leeuwarden-Harlingen als letzte die neuen dieselhydraulischen Triebwagenzüge.

9   Het Nederlandse spoorwegnet kent meerdere beweegbare bruggen zonder bovenleiding. Een dergelijke brug ligt ten noorden van Akkrum. Hierop rijdt treinstel 717 (mat. '54) als trein 750 van Leeuwarden naar Amsterdam CS. De stroomafnemers worden bij het passeren van de brug niet gestreken. [28-3-1984]

Im niederländischen Eisenbahnnetz gibt es mehrere bewegliche Brücken ohne Oberleitung, so auch in Akkrum nördlich des Bahnhofs. Im Bild wird sie gerade vom Triebwagenzug 717 (mat. '54) überquert, der als Zug 750 von Leeuwarden nach Amsterdam CS fährt. Die Stromabnehmer werden beim Passieren der Brücke nicht gesenkt.

10 Intercity 544 van Leeuwarden naar Den Haag CS, gereden door treinstel 718 is net door het station van Akkrum gereden. Dit treinstel behoort tot het materieel '54, dat door de vorm van de neus de bijnaam "Hondekop" heeft gekregen. De klassieke beveiliging was op het tijdstip dat de foto gemaakt werd nog in gebruik. [6-8-1983]

Triebwagenzug 718 als Intercity 544 von Leeuwarden nach Den Haag CS hat soeben den Akkrumer Bahnhof durchfahren. Er gehört zum elektrischen "materieel '54", das wegen seiner Kopfform den Spitznamen "Hondekop" (Hundekopf) erhielt. Das Formsignal war zum Zeitpunkt der Aufnahme noch in Betrieb.

11 In afwachting van verdere werkzaamheden staat treinstel 384 op een zijspoor van het hoofdstation van Groningen. Het was een van de laatste groene treinstellen materieel '54. [15-8-1978]

Auf Arbeit wartend steht Triebwagenzug 384 auf einem Nebengleis des Groninger Hauptbahnhofs. Er war einer der letzten ursprünglich grünen Züge des "materieel '54".

12 Op de lijn Zwolle-Groningen rijden nabij Haren de treinstellen 1745 en 725 (mat. '54) als intercity 561 van Den Haag CS naar Groningen. Treinstel 1745 is een van de 38 verbouwde vierrijtuig-treinstellen materieel '54. Deze zijn herkenbaar aan de blauwe band over de gehele lengte van het treinstel. [17-7-1981]

Triebwagenzüge 1745 und 725 auf der Strecke Zwolle-Groningen als Intercity 561 (Den Haag CS-Groningen) in der Nähe von Haren. Der Zug 1745 gehört zu den 38 umgebauten vierteiligen Einheiten des "materieel '54", die am durchgehenden blauen Fensterband zu erkennen sind.

13 Nabij Tynaarlo rijdt een treinstel van het nieuwste intercitymaterieel (ICM-1) als trein 751 van Amsterdam CS naar Groningen. Dit materieel zal gaandeweg de treinstellen materieel '54 vervangen in de intercitydiensten van de Randstad naar het noorden en oosten van het land. [21-5-1985]

Bei Tynaarlo ist einer der neuesten Intercitytriebwagenzüge (ICM-1) als Zug 751 von Amsterdam CS nach Groningen unterwegs. Diese Triebfahrzeuge sollen allmählich das "materieel '54" im Intercityverkehr zwischen der "Randstad" und dem Norden und Osten des Landes ersetzen.

14 Eveneens bij Tynaarlo rijden de treinstellen 719 en 335 (mat. '54) als intercity 556 van Groningen naar Den Haag CS. Voor de komst van de nieuwe intercitytreinstellen had het materieel '54 de alleenheerschappij in de intercitydiensten naar het noorden. [21-5-1985]

Ebenfalls bei Tynaarlo: Triebwagenzüge 719 und 335 (mat. '54) als Intercity 556 (Groningen-Den Haag CS). Bis zur Inbetriebnahme der neuen ICM-Züge wurde der Intercityverkehr nach dem Norden ausschließlich vom "materieel '54" beherrscht.

15 Bij het Drentse plaatsje Wijster ligt het belangrijkste verwerkingsbedrijf voor huisvuil van de VAM (Vuil Afvoer Maatschappij). Het huisvuil wordt per trein in speciaal daartoe gebouwde wagens aangevoerd. Hier rijdt één van die VAM-treinen (trein 871741 Groningen-Wijster) nabij Hoogeveen, getrokken door de diessellocomotieven 2406 en 2462. [25-6-1984]

In der Nähe von Wijster befindet sich der wichtigste Müllverwertungsbetrieb der VAM. Der Müll wird in Blockzügen aus Spezialwagen befördert. Im Bild einer dieser VAM-Züge (Zug 871741 Groningen-Wijster) bei Hoogeveen, gezogen von den Diesellokomotiven 2406 und 2462.

16 Veel goederenvervoer vindt tegenwoordig met containers plaats. Ook bij de spoorwegen heeft deze vervoerswijze ingang gevonden. Nabij Hoogeveen rijdt zo'n trein, getrokken door locomotief 1152. [3-7-1985]

Ein Containerzug, geführt von Lok 1152, bei Hoogeveen.

17 Om een doelmatige materieelomloop te bewerkstelligen rijdt het intercitymaterieel ook stoptreindiensten. Trein 8168 van Groningen naar Zwolle, gefotografeerd bij Echten, wordt daarom door treinstel 4011 gereden. [3-7-1985]

Im Sinne eines wirtschaftlichen Triebfahrzeugumlaufes werden die ICM-Züge auch im Nahverkehr eingesetzt. Im Bild begegnet uns Triebwagen 4011 als Zug 8168 (Groningen-Zwolle) bei Echten.

Het Oosten van Nederland

18 Locomotief 1636 passeert Staphorst met intercity 501 (Den Haag CS-Groningen). De trein bestaat hoofdzakelijk uit Corailrijtuigen van de SNCF, die de NS wegens het toenmalige rijtuigentekort had gehuurd. Het tweede rijtuig is één van de nieuwe intercityrijtuigen (ICR) van de NS, en wel een BKD. [16-8-1983]

Lok 1636 mit dem Intercity 501 (Den Haag CS-Groningen) passiert Staphorst. Der Zug besteht überwiegend aus Corailwagen der SNCF, die die NS damals wegen Mangels an eigenen Reisezugwagen gemietet hatte. Der zweite Wagen ist einer der neuen Intercitywagen (ICR) der NS, ein BKD.

19 Langs het Overijssels kanaal rijdt het zojuist uit Gramsbergen vertrokken treinstel 131 (plan U) als trein 8027 van Zwolle naar Emmen. Deze lijn zal in 1987 geëlektrificeerd zijn. Tevens wordt een deel van de lijn voorzien van dubbel spoor. Hierdoor kan Emmen een frequentere en snellere verbinding met de rest van ons land krijgen. [23-4-1984]

Am Overijsseler Kanal begegnete dem Fotografen der Triebwagenzug 131 (Plan U); er war gerade als Zug 8027 (Zwolle-Emmen) in Gramsbergen abgefahren. Die Strecke Zwolle-Emmen wird elektrifiziert und teilweise doppelgleisig ausgebaut. Dadurch hat Emmen ab 1987 eine bessere und schnellere Verbindung mit den übrigen Landesteilen.

20

Op de lijn Mariënberg-Almelo rijdt motorrijtuig 25 (DE-1) als trein 8458 naar Almelo. Het voorsein, dat op de foto te zien is, stond ten zuiden van het station Vroomshoop. Dit type seinen, afkomstig uit de Verenigde Staten, werd vroeger in ons land gebruikt bij het automatisch blokstelsel met armseinen. Deze seinen zijn herkenbaar aan de spits toelopende paal. [26-8-1983]

Zug 8458 Mariënberg-Almelo, geführt von Triebwagen 25 (DE-1). Das Vorsignal auf dem Bild stand südlich des Bahnhofs Vroomshoop. Diese Signalbauart amerikanischer Herkunft wurde früher beim Selbstblock mit Formsignalen angewendet; diese sind erkennbar am spitz auslaufenden Mast.

21 Getrokken door de drie hardwerkende diesellocomotieven 2450, 2436 en 2424 rijdt een olietrein van Schoonebeek naar Pernis door Daarlerveen. In Almelo zullen zij worden afgelost door één elektrische locomotief, die de trein verder zal vervoeren. [7-8-1983]

Ein Ölzug von Schoonebeek nach Pernis mit den drei schwer arbeitenden Diesellokomotiven 2450, 2436 und 2424 bei Daarlerveen. In Almelo übernimmt eine elektrische Lokomotive den Zug für die weitere Fahrt.

Eén van de spoorbruggen over de grote rivieren is de brug over de IJssel bij Zwolle. Op de foto wordt deze brug bereden door intercity 742 van Groningen en Leeuwarden naar Amsterdam CS. De trein bestaat uit de treinstellen 769 en 1735 (mat. '54). [25-4-1984]

Zu den großen Eisenbahnbrücken der Niederlande gehört die IJsselbrücke bei Zwolle. Auf dem Bild wird sie gerade von Intercity 742 von Groningen und Leeuwarden nach Amsterdam CS überquert. Der Zug besteht aus den Einheiten 769 und 1735 (mat. '54).

Over de Veluwe nabij Hulshorst rijden de treinstellen 1781 en 1766 (mat. '54) als intercity 548. Het voorste treinstel gaat van Groningen naar Den Haag CS, het achterste van Leeuwarden naar Rotterdam CS. In Zwolle worden de treinstellen aan elkaar gekoppeld en in Utrecht CS zullen zij weer van elkaar worden gescheiden. [25-4-1984]

Intercity 548, bestehend aus den Triebwagenzügen 1781 und 1766 (mat. '54), über der Veluwe, dem größten Waldgebiet der Niederlande, in der Nähe von Hulshorst. Der Laufweg des vorderen Triebwagenzuges ist Groningen-Den Haag CS, des hinteren Leeuwarden-Rotterdam CS. In Zwolle wurden die Triebwagenzüge zusammengekuppelt, in Utrecht werden sie wieder getrennt.

24 Over de hoogte van Assel rijdt locomotief 1150 met een trein, bestaande uit lege ketelwagens voor het vervoer van olie. Met deze wagens wordt de in het Drentse Schoonebeek gewonnen olie naar de raffinaderijen te Pernis vervoerd. [7-7-1984]

Bei Assel auf den Anhöhen der Veluwe erreicht die Strecke Amersfoort-Apeldoorn ihren "Scheitelpunkt". Hier führt Lok 1150 einen Kesselwagenleerzug. Mit diesen Zügen wird das im drentschen Schoonebeek geförderte Rohöl zu den Raffinerien von Pernis befördert.

25 Enkele kilometers verder werd locomotief 2444 gefotografeerd. Zij trekt een trein, bestaande uit gesloten goederenwagens, richting Amersfoort. [7-7-1984]

Wenige Kilometer weiter wurde die Lokomotive 2444 fotografiert. Sie führt einen Leerzug geschlossener Güterwagen Richtung Amersfoort.

26

De dieselelektrische motorrijtuigen van de serie 21-50 (DE-1) sleten hun laatste dagen onder andere op de lijn Apeldoorn-Zutphen. Nabij de buurtschap de Kar passeert motorrijtuig 21, als trein 17832 onderweg van Apeldoorn naar Zutphen, een landelijke overweg. [28-9-1984]

Triebwagen 21 passiert als Zug 17832 (Apeldoorn-Zutphen) einen ländlichen Bahnübergang in der Nähe von De Kar, einer kleinen Ortschaft zwischen Apeldoorn und Klarenbeek. Die Strecke Apeldoorn-Zutphen gehörte zu den letzten Einsatzstrecken der DE-1-Triebwagen Serie 21-50.

27

Bij Klarenbeek vervoert locomotor 345 een goederenwagen. Deze locomotoren, die hoofdzakelijk gebruikt worden voor de rangeerdienst, zijn ook bekend onder de naam "Sik". [26-8-1983]

Bei Klarenbeek ist die Kleinlok 345 mit einem Güterwagen unterwegs. Diese Lokomotiven, die hauptsächlich im Rangierdienst eingesetzt werden, sind auch unter dem Spitznamen "Sik" bekannt.

28 Nabij Holten is intercity 646, gereden door treinstel 756 (mat. '54), onderweg van Enschede naar Rotterdam CS. In Deventer zal de intercity gecombineerd worden met de voorafgaande stoptrein uit Enschede. Gezamenlijk zullen zij hun weg vervolgen naar Utrecht CS, waar ze weer worden gesplitst. Het eerder genoemde stoptreindeel gaat dan verder als intercity naar Den Haag CS. [31-5-1984]

Intercity 646 (Enschede-Rotterdam CS) mit Triebwagenzug 756 unweit Holten. In Deventer wird der Intercity an den voraus fahrenden Nahverkehrszug aus Enschede gekuppelt. Beide fahren zusammen als Intercity nach Utrecht CS weiter, wo sie wieder getrennt werden. Der Nahverkehrszug Enschede-Deventer läuft ab Utrecht als Intercity nach Den Haag CS.

29 Tussen Borne en Almelo trekt locomotief 1201 een gemengde goederentrein richting Almelo. Tussen 1978 en 1983 ondergingen de locomotieven van de serie 1200 een ingrijpende renovatie, waardoor hun levensduur met ongeveer 15 jaar werd verlengd. [31-5-1984]

Ein gemischter Güterzug mit Lok 1201 zwischen Borne und Almelo Richtung Almelo. Die Lokomotiven der Baureihe 1200 wurden von 1978 bis 1983 modernisiert; dadurch verlängerte sich ihre Lebensdauer um 15 Jahre.

30

Ter hoogte van Ellecom rijden twee dieselelektrische treinstellen plan U langs de Veluwezoom. Zij zijn als ledig materieel onderweg naar Zwolle. [6-5-1983]

Bei Ellecom, am Rande der Veluwe, sind zwei dieselelektrische Triebwagenzüge (Plan U) als Leerzug auf dem Weg nach Zwolle.

31

De rijtuigen plan E zijn, na jarenlang in de intercity's tussen Zandvoort en Limburg gereden te hebben, verbannen naar de IJssel-Brabant-Zeelandroute. Te Ellecom trof de fotograaf trein 4675 van Zwolle naar Vlissingen, getrokken door locomotief 1121. [31-5-1985]

Zug 4675 (Zwolle-Vlissingen) mit Lok 1121, ebenfalls in der Nähe von Ellecom fotografiert. Er besteht aus Wagen der Bauart Plan E, die viele Jahre in den Intercityzügen zwischen Zandvoort und Maastricht/Heerlen liefen, bevor sie zur IJssel-Brabant-Zeelandlinie versetzt wurden.

32 Onderweg als trein 7740 (Doetinchem-Arnhem) nadert treinstel 113 (plan U) Didam. De pony's lijken in elk geval meer aandacht voor elkaar te hebben dan voor de voorbijrijdende trein. [28-8-1982]

Zug 7740 (Triebwagen 113, Plan U), unterwegs von Doetinchem nach Arnheim, nähert sich Didam. Die Ponys scheint der vorbeifahrende Zug überhaupt nicht zu interessieren.

33

Nabij Terborg is locomotief 2472 met een wel erg korte goederentrein onderweg naar Arnhem. Afgezien van het blauwe zwaailicht bevindt de locomotief zich in haar oorspronkelijke staat. [6-5-1983]

Nahe bei Terborg führt Lok 2472 einen kurzen Güterzug nach Arnheim. Abgesehen von dem blauen Blinklicht befindet sich die Lokomotive noch im Originalzustand.

34

Het komt niet vaak voor dat treinstellen in Emmerich komen. Op de foto is treinstel 724 (mat. '54) zojuist uit Emmerich vertrokken. [5-9-1981]

Triebwagenzug 724 (mat. '54) verläßt soeben Emmerich. Dieser Bahnhof wird von NS-Triebwagen selten angefahren.

35 Buurlandtrein 2312 van Köln Deutz naar Amsterdam CS bevindt zich tussen Emmerich en de Nederlandse grens. Locomotief 1310 heeft in Emmerich de trein overgenomen van een locomotief van de DB. Evenals de locomotieven van de serie 1200 ondergaan die van de serie 1300 een levensduur verlengende renovatie. Locomotief 1310 heeft deze als één van de eersten ondergaan. [17-5-1985]

Intercity 2312 (Köln Hbf-Amsterdam CS) ist in Emmerich von der 1310 übernommen worden. Der Zug hat die niederländische Grenze noch nicht erreicht und überquert gerade die Bundesstraße 8. Wie die Loks der Serie 1200 werden auch die der Baureihe 1300 modernisiert; die 1310 war eine der ersten.

36 Vanwege een tekort aan dieseltreinstellen worden enkele spitsuurtreinen op de niet geëlektrificeerde baanvakken gereden door locomotieven van de serie 2200 met rijtuigen plan E. Ten behoeve van de elektrische treinverwarming rijdt er een energiewagen mee. De locomotieven 2330 (trekkend) en 2329 (duwend) verzorgen de tractie van trein 7766 (Winterswijk - Arnhem), die gefotografeerd werd bij Zevenaar. [9-9-1985]

Da die NS auch jetzt noch zu wenig Dieseltriebwagen hat, werden während der Hauptverkehrszeit einige Züge auf den nicht elektrifizierten Strecken von Loks der Baureihe 2200 mit Plan E-Wagen gefahren. Ein Generatorwagen läuft zur Speisung der elektrischen Zugheizung mit. Im Bild Zug 7766 (Winterswijk-Arnheim) bei Zevenaar mit den Lokomotiven 2330 an der Spitze und 2329 am Schluß.

37 Tot de zomerdienst van 1985 reden op werkdagen 3 gecombineerde onverbouwde DE-2'en de treinen 7711, 7722, 7755 en 7766 tussen Arnhem en Winterswijk v.v. De treinstellen 76, 93 en 71 zijn onderweg als trein 7766 (Winterswijk-Arnhem) in de buurt van Duiven. [26-8-1983]

Bis zum Sommerfahrplan 1985 bestanden die Züge 7711, 7722, 7755 und 7766 auf der Strecke Arnheim-Winterswijk werktags aus drei nicht umgebauten DE-2. Auf dem Foto Zug 7766 (Winterswijk-Arnheim) mit den Doppeltriebwagen 76, 93 und 71 in der Nähe von Duiven.

38 TEE 11 "Rembrandt" is, getrokken door locomotief 1136, op haar weg naar Duitsland zojuist de nog enkelsporige brug bij Westervoort gepasseerd. Sinds 29 mei 1984 is deze brug dubbelsporig berijdbaar. Het was één van de laatste enkelsporige bruggen over de grote rivieren. TEE 11 is door een IC vervangen. Dit lot heeft inmiddels vrijwel alle TEE-treinen getroffen. [16-4-1983]

TEE 11 "Rembrandt" mit Lok 1136 hat auf seinem Weg nach Deutschland soeben die noch einspurige IJsselbrücke bei Westervoort überquert. Seit 29. Mai 1984 ist diese Brücke zweigleisig befahrbar. TEE 11 gehört auch schon der Vergangenheit an: er ist durch einen IC ersetzt worden wie inzwischen fast alle TEE-Züge.

Het Midden van Nederland

39 Uit Arnhem vertrekt treinstel 78 (DE-2) als trein 6162 naar Tiel. Locomotief 1113 staat met een Huckepacktrein te wachten tot ook zij mag vertrekken. [5-9-1981]

Der DE-2 Nr. 78 verläßt gerade Arnheim in Richtung Tiel (Zug 6162). Auf einem Nebengleis wartet Lok 1113 mit einem Huckepackzug auf freie Fahrt.

40 De Rijnbrug bij Oosterbeek is zojuist verlaten door locomotief 1155. Samen met een aantal rijtuigen plan E rijdt zij als trein 4361 van Zwolle naar Roosendaal. [16-4-1983]

Lok 1155 hat die Rheinbrücke bei Oosterbeek hinter sich gelassen. Sie führt Zug 4361, der aus Plan E-Wagen besteht, von Zwolle nach Roosendaal.

41 Getrokken door locomotief 1134 rijdt trein 4330 (Roosendaal-Zwolle) over de Waalbrug bij Nijmegen. De hoofdoverspanningen zijn enige tijd later vervangen. De aanbruggen waren al eerder vervangen. [25-4-1983]

Zug 4330 (Roosendaal-Zwolle) mit Lok 1134 auf der Waalbrücke bei Nimwegen. Diese Brücke ist inzwischen erneuert worden.

42 Na het vertrek uit Nijmegen passeert stoptrein 7559 (Nijmegen-Zutphen) een van de seinbruggen die het station toen nog kende. De trein bestaat uit de treinstellen 952 en 422 (plan V). Opvallend is de bevestiging aan één paal van de seinarmen voor beide richtingen. [16-4-1980]

Nahverkehrszug 7559 (Nimwegen-Zutphen), bestehend aus den Doppeltriebwagen 952 und 422 (Plan V), passiert nach der Abfahrt aus dem Bahnhof Nimwegen eine der Signalbrücken, die es damals dort noch gab. Auffallend ist die Befestigung der Signalflügel beider Richtungen an einem Mast.

43 Op zondag 7 november 1982 werd de hoofdoverspanning van de brug over de Lek bij Culemborg vervangen. De intercity's van Zandvoort naar Maastricht en terug konden daarom niet over hun gebruikelijke route via Geldermalsen rijden. Ze werden omgeleid via Arnhem en Nijmegen. Zo ook intercity 837 van Zandvoort aan Zee naar Maastricht. Getrokken door locomotief 1646 passeert deze trein de Maasbrug bij Ravenstein. [7-11-1982]

Am 7. November 1982 wurde das Brückenteil der Hauptöffnung der Lekbrücke bei Culemborg erneuert. Die Intercityzüge Zandvoort-Maastricht und zurück konnten deshalb nicht ihrem üblichen Weg über Geldermalsen folgen und wurden über Arnheim und Nimwegen umgeleitet. So auch Intercity 837 mit der 1646, der soeben die Maasbrücke bei Ravenstein überquert hat.

44 Nabij Tiel is treinstel 176 (DE-2 verbouwd) de oprit van de brug over het Amsterdam-Rijnkanaal aan het beklimmen. Het treinstel is op weg als trein 6131 van Tiel naar Arnhem. De spoorlijn van Geldermalsen naar de "Vork" bij Elst wordt ook wel de "Betuwelijn" genoemd. [16-5-1985]

Triebwagenzug 176 (DE-2, umgebaut) als Zug 6131 (Tiel-Arnheim) an der Auffahrt zur Brücke über den Amsterdam-Rheinkanal bei Tiel. Die Strecke von Geldermalsen nach De Vork ("die Gabel") wird auch "Betuwelinie" genannt.

45 Bij Culemborg is trein 9657, bestaande uit de treinstellen 913 en 959 (plan V) onderweg van Utrecht naar Eindhoven. Op de achtergrond is nog de oude Lekbrug te zien. [17-4-1982]

Zug 9657 (Utrecht CS-Eindhoven) mit den Triebwagen 913 und 959 (Plan V) wird bald den Bahnhof Culemborg erreichen. Im Hintergrund ist die alte Lekbrücke zu sehen.

46 Locomotief 1607 verlaat met intercity 959 (Zandvoort aan Zee-Heerlen) de oude Lekbrug bij Culemborg. De locomotieven van de serie 1600 zijn de modernste trekkrachten van de NS. [17-4-1982]

Lok 1607 mit Intercity 959 (Zandvoort aan Zee-Heerlen) verläßt die alte Lekbrücke bei Culemborg. Die Hochleistungslokomotiven der Serie 1600 sind die modernsten der NS.

47 Een doorkijkje in de oude Lekbrug bij Culemborg. "In" de brug locomotief 1604 met intercity 857 van Zandvoort aan Zee naar Maastricht. Deze spoorbrug, die in 1868 in gebruik werd genomen, werd in de loop van 1982 en 1983 geheel vervangen. [26-3-1982]

Ein Blick durch die alte Lekbrücke bei Culemborg, auf der sich gerade die 1604 mit Intercity 857 von Zandvoort aan Zee nach Maastricht befindet. Diese Eisenbahnbrücke aus dem Jahre 1868 wurde 1982/83 vollständig durch einen Neubau ersetzt.

48 Een winterse foto uit de tijd dat de rijtuigen plan E de intercitydiensten Zandvoort-Maastricht/Heerlen nog vrijwel volledig beheersten. Bij het emplacement Utrecht Lunetten werd locomotief 1306 met zo'n intercity gefotografeerd. [7-12-1980]

Ein Foto aus der Zeit, als Wagen der Bauart Plan E den Intercityverkehr zwischen Zandvoort und Maastricht/Heerlen noch fast völlig beherrschten: ein Intercity mit Lok 1306 in der Nähe von Utrecht Lunetten.

49

De treinstellen 4007 en 4004 rijden als intercity 1852 (Nijmegen-Amsterdam CS) Utrecht CS binnen. Deze treinstellen behoren tot een proefserie (ICM-0) die in 1977 in dienst werd gesteld. In deze proefserie zijn nieuwe technieken geïntroduceerd, zoals ondermeer de doorloopkop. [25-4-1983]

Die Triebwagen 4007 und 4004 (ICM-0) haben als Intercity 1852 (Nimwegen-Amsterdam CS) Einfahrt in Utrecht CS. Sie gehören zur Vorserie für die neuen Intercitytriebwagen ICM-1 und wurden 1977 in Betrieb genommen.

50

Op de Utrechtse Oosterspoorlijn rijden de motordienstwagens 500 en 501 een excursietrein voor de NVBS. Deze motorwagens behoren tot het elektrische materieel dat tussen 1923 en 1932 in dienst werd gesteld en bekend stond onder de naam "Blokkendozen" of "Stofzuigers". Na hun loopbaan in de reizigersdienst werden een aantal van hen gebruikt als motordienstwagens voor het trekken van materiaaltreinen (konvooien) tussen de werkplaatsen. In hun nadagen werden ze gebruikt om machinisten vertrouwd te maken met de door hen te berijden baanvakken. [3-11-1979]

Auf der östlichen Güterbahn von Utrecht fahren die Dienstwagen 500 und 501 einen Sonderzug für Eisenbahnfreunde der NVBS. Diese Triebwagen, die auch als "Blokkendozen" (Baukasten) oder "Stofzuigers" (Staubsauger) bekannt waren, gehören zum elektrischen "materieel '24", das zwischen 1923 und 1932 in Dienst gestellt wurde. Nach ihrem Einsatz im Personenverkehr wurden einige von ihnen als Dienstfahrzeuge für Materialzüge zwischen den Werkstätten verwendet. Zum Schluß ihrer Laufbahn werden sie dazu eingesetzt, Lokführer auf den von ihnen befahrenen Linien streckenkundig zu machen.

51 Locomotief 1141 werd met buurlandtrein 2314 (Köln Deutz - Amsterdam CS) enkele kilometers voor Utrecht gefotografeerd. De trein bestaat uit rijtuigen van de DB. [16-4-1983]

Intercity 2314 (Köln Hbf-Amsterdam CS) mit Lok 1141 wenige Kilometer vor Utrecht. Der Zug besteht aus Wagen der DB.

52 Tussen Wolfheze en Ede trekt locomotief 1639 "Leiden" een trein, bestaande uit lege ertswagens, richting Utrecht. Veel locomotieven van de serie 1600 dragen inmiddels namen van Nederlandse plaatsen. [24-5-1985]

Zwischen Wolfheze und Ede schleppt die 1639 "Leiden" einen Erzwagenleerzug Richtung Utrecht. Viele Lokomotiven der Baureihe 1600 tragen inzwischen Namen und Wappen niederländischer Städte.

53 Treinstel 671 stopt als trein 5962 van Rhenen naar Utrecht CS te Veenendaal Centrum. Dit treinstel behoorde tot het op dat moment oudste nog in gebruik zijnde reizigersmaterieel: het materieel '46. De treinstellen van dit materieeltype stonden bekend om hun slechte rij-eigenschappen. In hun nadagen werden ze voornamelijk gebruikt voor ritten tijdens de spitsuren. Ook kwamen zij in actie ter vervanging van defect geraakt materieel, waarbij zij zelfs intercitydiensten reden. [25-4-1983]

Zug 5962 (Rhenen-Utrecht CS) hält im Bahnhof Veenendaal Centrum. Der Triebwagen 671 gehört zum "materieel '46", der zur Zeit ältesten noch in Betrieb befindlichen Triebfahrzeugreihe der NS. Dieser Typ war wegen seiner schlechten Fahreigenschaften bei den Reisenden wenig beliebt. Die Triebwagen wurden schließlich vornehmlich im Spitzenverkehr und bei Ausfall anderer Triebfahrzeuge eingesetzt, teilweise sogar im Intercitydienst.

54 Nogmaals treinstel 671, nu als trein 5956 naar Utrecht CS bij het verlaten van het station Rhenen. Het viaduct op de achtergrond overbrugde vroeger het stationsemplacement van Rhenen, dat gelegen was in de spoorlijn Amersfoort-Kesteren. Van deze lijn is het gedeelte van De Haar aansluiting (aan de spoorlijn Utrecht-Arnhem) tot Rhenen in 1981 voor het reizigersvervoer heropend. [25-4-1983]

Nochmals Triebwagenzug 671, jetzt als Zug 5956 (Rhenen-Utrecht CS) bei der Abfahrt aus dem Bahnhof Rhenen. Der Viadukt im Hintergrund überspannte vor vielen Jahren die Rhener Bahnhofsanlagen auf der damaligen Hauptlinie Amersfoort-Kesteren. Der Streckenteil De Haar Abzweig-Rhenen wurde 1981 wieder für den Reiseverkehr eröffnet.

55 Nabij Hollandsche Rading rijden de treinstellen 457 en 455 (plan V) trein 5733 van Amsterdam CS naar Utrecht CS. De betonnen hoefijzervormige bovenleidingportalen uit 1942 komen uitsluitend voor op het baanvak Hilversum-Utrecht Blauwkapel. [14-4-1984]

Nahe bei Hollandsche Rading treffen wir die Triebwagen 457 und 455 (Plan V), unterwegs als Zug 5733 von Amsterdam CS nach Utrecht CS. Die hufeisenförmigen Betonmaste der Oberleitung von 1942 gibt es nur auf der Strecke Hilversum-Utrecht Blauwkapel.

56 Locomotief 1126 rijdt met trein 2242 van Bad Harzburg naar Amsterdam CS door de bossen bij Baarn. De trein bestaat uit twee rijtuigen plan E van de NS (een B en een RD) en een aantal rijtuigen van de DR en de DB. [28-8-1984]

Die 1126 mit Intercity 2242 (Bad Harzburg-Amsterdam CS) in der Umgebung von Baarn. Der Zug besteht aus zwei Plan E-Wagen der NS (einem B und einem RD) und einer Anzahl Wagen der DR und der DB.

57 Eveneens in de bossen bij Baarn rijden de treinstellen 4020, 4028 en 4026 intercity 746 van Leeuwarden en Groningen naar Amsterdam CS. De treinstellen maken deel uit van de serie ICM-1, die ontwikkeld is uit de proefserie ICM-0. [27-5-1985]

Ebenfalls im Wald bei Baarn die Triebwagenzüge 4020, 4028 und 4026 als Intercity 746 (Leeuwarden/Groningen-Amsterdam CS). Sie gehören zur Serie ICM-1, die aus der Vorserie ICM-0 entwickelt wurde.

58 Om de toenemende drukte in een aantal forensentreinen op te kunnen vangen, rijdt de NS sedert 1985 met trek-duwtreinen, bestaande uit dubbeldeksrijtuigen. Nabij Soest rijdt trein 5862 van Amersfoort naar Amsterdam CS, waarbij het stuurstandrijtuig 50 84 26-36 102 voorop rijdt. De trein wordt geduwd door locomotief 1604 "Dordrecht". [4-6-1985]

Um den stetig wachsenden Vorortverkehr besser bewältigen zu können, fahren die NS seit 1985 auf einigen Strecken mit Doppelstockwendezügen, die von Talbot (Aachen) hergestellt wurden. Auf dem Bild Zug 5862 (Amersfoort-Amsterdam CS) in der Nähe von Soest. An der Spitze läuft Steuerwagen 50 84 26-36 102, am Zugschluß schiebt Lok 1604 "Dordrecht".

59 Een voor Nederlandse begrippen lange reizigerstrein wordt gevormd door de treinstellen 361, 331, 730 en 729 (mat. '54). Zij rijden als intercity 548 van Groningen en Leeuwarden naar Den Haag CS en Rotterdam CS. De fotograaf kwam deze twaalf rijtuigen lange trein bij Soestduinen tegen. [28-8-1984]

Ein für niederländische Begriffe langer Reisezug: Intercity 548 Groningen/Leeuwarden-Den Haag CS/Rotterdam CS bei Soestduinen. Er besteht aus den Einheiten 361, 331, 730 und 729 (mat. '54).

60 Locomotief 1001 raast met een excursietrein van de NVBS door het besneeuwde station van Bilthoven. De excursie was georganiseerd om afscheid te nemen van de locomotieven van de serie

Im Schneegestöber donnert die 1001 mit einem Sonderzug für Eisenbahnfreunde der NVBS durch den Bahnhof Bilthoven. Es handelt sich um eine Abschiedsfahrt von der Serie 1000, der ersten Ellokbaureihe der NS. Der Zug besteht aus Plan N-Wagen.

61 Langs het Amsterdam-Rijnkanaal nabij Loenersloot trekt locomotief 1302 D 223 "Holland - Wien Express". De trein bestaat voornamelijk uit rijtuigen van de ÖBB. [18-5-1985]

D 223 "Holland-Wien-Express", ausschließlich aus Wagen der ÖBB gebildet und geführt von Lok 1302, am Amsterdam-Rhein-Kanal in der Nähe von Loenersloot (Strecke Amsterdam-Utrecht).

62 Ook bij Loenersloot rijden de treinstellen 1788 en 385 (mat '54) als intercity 1861 van Amsterdam CS naar Nijmegen. [26-9-1984]

Ebenfalls bei Loenersloot die Triebwagen 1788 und 385 (mat. '54) als Intercity 1861 von Amsterdam CS nach Nimwegen.

Het Westen van Nederland

63 Locomotief 1212 rijdt met intercity 858 (Maastricht-Zandvoort aan Zee) het station Spaklerweg van de Amsterdamse metro voorbij. De gebouwen links op de foto behoren tot de "Bijlmerbajes". [28-4-1984]

Intercity 858 (Maastricht-Zandvoort aan Zee) mit der 1212 an der Spitze passiert die Haltestelle Spaklerweg der Amsterdamer U-Bahn. Die Gebäude auf der linken Seite gehören zur Amsterdamer Haftanstalt, die auch unter dem Namen "Bijlmerbajes" (Bijlmerknast) bekannt ist.

64 Treinstel 662 (mat '46) vertrekt als extra trein uit Amsterdam CS naar Enschede. Aan boord bevinden zich een aantal Ajaxsupporters. Vanwege het "uitbundige" karakter van dit soort groepsreizen gebruikt de NS hiervoor zo veel mogelijk het oudste nog dienstdoende materieel. [17-5-1981]

Triebwagenzug 662 (mat. '46) als Schlachtenbummlerzug: er verläßt gerade den Amsterdamer Hauptbahnhof, um Ajax-Fans nach Enschede zu befördern. Wegen dieser oft "ausschweifenden" Gruppenreisen setzen die NS vorzugsweise die ältesten noch in Betrieb befindlichen Fahrzeuge ein.

65 De treinstellen 861 en 893 rijden naar Amsterdam CS op het baanvak tussen de Hembrug en de NS-lijnwerkplaats Amsterdam Zaanstraat. Dit baanvak is gesloten na de ingebruikneming van de Hemtunnel. De bovenleidingmasten stammen uit 1931, het jaar waarin dit baanvak geëlektrificeerd werd. [5-5-1983]

Die Doppeltriebwagen 861 und 893 (Plan V) unterwegs Richtung Amsterdam zwischen der Hembrücke über den Nordseekanal und der NS-Werkstätte Amsterdam Zaanstraat. Die Strecke wurde nach der Inbetriebnahme des Hemtunnels geschlossen. Die Oberleitungsmaste stammen noch von 1931, dem Jahr der Elektrifizierung.

66 Een goederentrein, getrokken door een locomotief van de serie 1600, rijdt over de Hembrug. Deze in 1908 gebouwde draaibrug werd op 28 mei 1983 buiten dienst gesteld. Ze werd vervangen door de al eerder genoemde Hemtunnel. Tussen oktober 1983 en mei 1984 werd de gehele brug gesloopt, op de middenpijler na. Deze werd pas op 6 mei 1985 met behulp van een zware springstoflading opgeblazen. [5-5-1983]

Ein Güterzug mit einer Lok der Baureihe 1600 rumpelt über die Hembrücke. Diese 1908 gebaute Drehbrücke wurde am 28. Mai 1983 außer Betrieb genommen und durch den Hemtunnel ersetzt. Zwischen Oktober 1983 und Mai 1984 wurde die Brücke bis auf den Mittelpfeiler abgebrochen, der erst am 6. Mai 1985 gesprengt wurde.

67 De treinstellen 865 en 867 (plan V) rijden langs de voormalige halte Hembrug. Het gebouwtje op de foto is het vroegere haltegebouw. Op het andere perron heeft ook een dergelijk gebouwtje gestaan. Alles op de foto is inmiddels historie geworden, omdat het baanvak Zaandam-Amsterdam Zaanstraat na de opening van de Hemtunnel is opgebroken. [5-5-1983]

Die Triebwagenzüge 865 und 867 (Plan V) passieren die ehemalige Haltestelle "Hembrücke". Das Haltestellengebäude auf der rechten Bildseite war noch nicht abgerissen im Gegensatz zu dem auf dem anderen Bahnsteig. Heute erinnert nur noch der Bahndamm an diese einst dicht befahrene Strecke.

68 In Hoorn rangeert locomotor 328 met twee grindwagens. De locomotor heeft nog zijn oorspronkelijke groene kleur. De locomotoren worden behalve voor rangeerwerk ook gebruikt voor het rijden van lichte goederen- en werktreinen. [12-7-1978]

In Hoorn rangiert die Kleinlok 328 mit zwei Schotterwagen. Sie zeigt noch die ursprüngliche grüne Farbe. Die Kleinloks werden außer für Rangierarbeiten auch zur Beförderung leichter Güter- und Dienstzüge eingesetzt.

69

De treinstellen 2887 en 2881 (SGM-2) zijn zojuist uit het station van Uitgeest vertrokken als trein 4767 van Amsterdam CS naar Alkmaar. [12-8-1983]

Kurz nach seiner Abfahrt aus dem Bahnhof Uitgeest wurde Zug 4767 (Amsterdam CS-Alkmaar) mit den Sprintern 2887 und 2881 (SGM-2) abgelichtet.

70

In Beverwijk staan de locomotoren 246 en 327 van hun weekendrust te genieten. Zij zijn beide in de huisstijlkleuren van de NS geschilderd. Evenals locomotor 246 is een aantal "Sikken" voorzien van een kleine hijskraan voor het verrichten van lichte werkzaamheden. [15-9-1979]

Die Kleinlokomotiven 246 und 327 erfreuen sich ihrer Wochenendpause in Beverwijk. Sie tragen die NS-Hausfarben. Einige dieser Fahrzeuge verfügen wie die 246 über einen kleinen Hebekran, der für kleinere Arbeiten am Gleis eingesetzt werden kann.

71

Vlak voor de binnenkomst in het station Santpoort Noord rijdt treinstel 873 (plan V) over de aansluiting van de "IJmondlijn" (Santpoort Noord-IJmuiden) op de lijn Haarlem-Uitgeest. Het treinstel is als trein 4850 onderweg van Uitgeest naar Haarlem. [30-7-1983]

Triebwagenzug 873 (Plan V), unterwegs von Uitgeest nach Haarlem (Zug 4850), kurz vor der Einfahrt in den Bahnhof Santpoort Noord am Abzweig der "IJmondlinie" nach IJmuiden.

72

Ter hoogte van het station Velsen Zeeweg rijdt "Sprinter"-treinstel 2065 als trein 4954 van IJmuiden naar Haarlem. De bovenleiding op de "IJmondlijn" stamt uit 1927, het jaar van de elektrificatie. Inmiddels is de bovenleiding afgebroken. [23-8-1983]

Unweit des Bahnhofes Velsen Zeeweg begegnet uns der Sprinter 2065 als Zug 4954 von IJmuiden nach Haarlem. Die Fahrleitung der IJmondlinie stammt noch von der Elektrifizierung im Jahre 1927; sie ist mittlerweile abgebrochen worden.

73

Nabij de halte IJmuiden Julianakade rijdt treinstel 353 (mat. '54) over de "IJmondlijn" naar het eindpunt IJmuiden. Op de achtergrond is het Noordzeekanaal en een gedeelte van het Hoogovencomplex bij Beverwijk te zien.
[28-6-1979]

Triebwagenzug 353 (mat. '54) in der Nähe der Haltestelle IJmuiden Julianakade unterwegs zu seinem Zielbahnhof IJmuiden. Im Hintergrund sind der Nordseekanal und ein Teil des Hochofenkomplexes von Beverwijk zu sehen.

74

Treinstel 884 (plan V) heeft bijna de halte IJmuiden Julianakade bereikt. Het rijdt trein 4958 van Haarlem naar IJmuiden. Op 28 september 1983 werd de "IJmondlijn" voor het reizigersvervoer gesloten. Het geringe aantal reizigers op de lijn en de aan vervanging toezijnde bovenleiding waren de oorzaak van de sluiting. [30-7-1983]

Zug 4958 (Triebwagen 884, Plan V) hat auf seinem Weg von Haarlem nach IJmuiden fast die Haltestelle IJmuiden Julianakade erreicht. Der Personenverkehr auf der IJmondlinie wurde am 28. September 1983 eingestellt. Gründe dafür waren die erneuerungsbedürftige Fahrleitung und das geringe Fahrgastaufkommen.

75 Motorpostrijtuig 3002 rijdt als trein 114272 (Amsterdam-Rotterdam) door het oude station Amsterdam Sloterdijk. Het motorpostrijtuig trekt een speciaal voor het vervoer van post gebouwde goederenwagen die geschikt is voor snelheden tot 140 km/u. [5-5-1983]

Posttriebwagen 3002 passiert den alten Bahnhof Amsterdam Sloterdijk. Er führt einen für 140 km/h zugelassenen Güterwagen, der speziell für die Postbeförderung gebaut wurde.

76 In de buurt van Amsterdam Sloterdijk rijdt locomotief 2555 van de NMBS met intercity 182 (Brussel Zuid-Amsterdam CS) langs de Haarlemmer Trekvaart. Het baanvak langs het oude station Amsterdam Sloterdijk werd op 1 juni 1985 gesloten. Het is vervangen door een nieuw tracé, waarvan het baanlichaam op de achtergrond zichtbaar is. [8-7-1984]

Bei Amsterdam Sloterdijk fährt Lok 2552 der SNCB mit Intercity 182 (Brüssel Süd-Amsterdam CS) die Haarlemmer Trekvaart entlang. Im Zusammenhang mit der neuen Hemlinie wurde die Strecke am alten Bahnhof Amsterdam Sloterdijk am 1. Juni 1985 geschlossen und durch eine neue Trasse ersetzt, deren Bahnkörper im Hintergrund zu sehen ist.

77 Locomotief 1627 "Gouda" rijdt met intercity 947 (Zandvoort aan Zee-Heerlen) door de duinen. Op de achtergrond is de "skyline" van Zandvoort te zien. [28-4-1984]

Vor der "Skyline" von Zandvoort aan Zee rollt Lok 1627 "Gouda" mit Intercity 947 durch die Dünen Richtung Heerlen.

78 Intercity 936 van Heerlen naar Zandvoort aan Zee heeft bijna haar eindbestemming bereikt. De trein rijdt, getrokken door locomotief 1645 "Middelburg", door de duinen bij Zandvoort. De bovenleiding stamt uit 1935, het jaar van de elektrificatie van de lijn Haarlem-Zandvoort aan Zee. In het voorjaar van 1986 werden deze interessante portalen vervangen door moderne. [28-4-1984]

Ebenfalls in den Dünen unterwegs: die 1645 "Middelburg" mit Intercity 936 Heerlen-Zandvoort aan Zee kurz vor ihrem Zielbahnhof. Die Fahrleitung auf diesem Foto stammt noch von 1935, dem Jahr der Elektrifizierung der Strecke Haarlem-Zandvoort aan Zee; im Frühjahr 1986 wurden die interessanten Querjoche durch eine moderne Konstruktion ersetzt.

79 In de buurt van Noordwijkerhout is een "Benelux"-trek-duweenheid als intercity 167 (Amsterdam CS-Brussel Zuid) onderweg. De trein word geduwd door locomotief 2558 van de NMBS. Voorop rijdt het stuurstandrijtuig 61 84 87-38 106. De stuurstandrijtuigen voor deze treinen zijn door de hoofdwerkplaats Tilburg verbouwd uit een aantal restauratierijtuigen met bagageafdeling plan D, bouwjaar 1951. [19-5-1985]

Bei Noordwijkerhout treffen wir Intercity 167 (Amsterdam CS-Brüssel Süd) als "Benelux"-Wendezug, geschoben von der SNCB-Lok 2558. Der Steuerwagen 61 84 87-38 106 gehört zu den Speisewagen mit Gepäckabteil der Bauart Plan D (Baujahr 1951), die von der Werkstätte Tilburg für den Wendezugbetrieb umgebaut wurden.

80 Ter hoogte van Woerden rijden de treinstellen 348 en 352 (mat. '54) in de richting van Utrecht. Ten gevolge van het barre winterweer was het wassen van het materieel onmogelijk hetgeen duidelijk zichtbaar is aan het voorste treinstel. [17-2-1979]

Die Triebwagen 348 und 352 (mat. '54) in der Nähe von Woerden auf dem Weg nach Utrecht. Die Folgen des harten Winterwetters sind dem vorderen Fahrzeug deutlich anzusehen; von der gelben Farbe ist fast nichts mehr zu erkennen.

81 In de buurt van Harmelen zijn de treinstellen 433, 926 en 827 (plan V) onderweg richting Utrecht. Zij vormen trein 9831 die Rotterdam CS en Den Haag CS verbindt met Nijmegen en Zutphen.
[16-5-1985]

Unweit Harmelen ist Zug 9831 (Rotterdam CS/Den Haag CS-Zutphen/Nimwegen) Richtung Utrecht unterwegs; er besteht aus den Einheiten 433, 926 und 827 (Plan V).

"Sprinter" 2034 (SGM-1) vertrekt als trein 3433 uit het station Meerzicht van de Zoetermeerse stadsspoorlijn. Deze spoorlijn is speciaal gebouwd voor het forensenverkeer tussen de "woonstad" Zoetermeer en de "werkstad" Den Haag. Te Zoetermeer loopt de lijn in de vorm van een krakeling door vrijwel alle woonwijken.
[19-5-1985]

Sprinter 2034 (SGM-1) verläßt als Zug 3433 den Bahnhof "Meerzicht" der Zoetermeer-S-Bahn. Diese Linie führt als große Doppelschleife durch die "Schlafstadt" Zoetermeer und verbindet diese mit Den Haag.

82

83 Tussen de stations De Leyens en Buitenwegh van de Zoetermeerse stadsspoorlijn is treinstel 2005 (SGM-0) als trein 3835 onderweg. Het treinstel behoort tot de eerste serie "Sprinters". De "Sprinters" zijn speciaal voor de "Zoetermeerlijn" ontworpen. Zij hebben hun naam gekregen dankzij hun grote aanzetvermogen. [19-5-1985]

Zwischen den Bahnhöfen "De Leyens" und "Buitenwegh" der Zoetermeer-S-Bahn rollt Sprinter 2005 (SGM-0) als Zug 3835. Dieser Triebwagenzug gehört zur ersten Serie der "Sprinter", die speziell für die Zoetermeer-Linie entwickelt wurden. Ihren Namen haben sie wegen ihres großen Beschleunigungsvermögens erhalten.

84 Op de "Hofpleinlijn" is treinstel 2027 (SGM-1) als trein 3157 op weg van Rotterdam Hofplein naar Den Haag CS. De trein rijdt zojuist het station Berkel en Rodenrijs binnen. De "Hofpleinlijn", geopend in 1908, is de oudste geëlektrificeerde spoorlijn van Nederland. Kenmerkend voor deze lijn is de plaatsing van veel bovenleidingmasten tussen de sporen. [14-8-1983]

Sprinter 2027 hat als Zug 3157 (Rotterdam Hofplein-Den Haag CS) gerade Einfahrt in den Bahnhof Berkel en Rodenrijs an der Hofpleinlinie, die 1908 als erste elektrisch betriebene Strecke der Niederlande eröffnet wurde. Charakteristisch für diese Linie sind die vielen Mittelmaste der Oberleitung.

85 Dichtbij het station Maassluis West werd treinstel 2844 (SGM-1) als trein 4149 (Hoek van Holland Strand-Rotterdam CS) gefotografeerd. Het treinstel is een van de verlengde "Sprinters". Omdat hun topsnelheid daardoor verminderde tot 116 km/u kregen zij de officieuze bijnaam "Slak". [21-8-1983]

Kurz vor dem Bahnhof Maassluis West wurde Triebwagenzug 2844 (SGM-1) als Zug 4149 (Hoek van Holland Strand-Rotterdam CS) fotografiert. Er ist einer der Sprinter, die um einen Mittelwagen verlängert wurden. Weil sich dadurch ihre Höchstgeschwindigkeit auf 116 km/h verringerte, bekamen sie den Spitznamen "Slak" (Schnecke).

86 Treinstel 723 (mat. '54) heeft als intercity 2148 van Vlissingen naar Amsterdam CS de spoorbruggen over de Koningshaven en de Nieuwe Maas te Rotterdam verlaten. Op de foto is naast de spoorbrug de oude Willemsbrug te zien. De spoorbruggen en het viaduct door Rotterdam zullen vervangen worden door een viersporige tunnel. [18-7-1981]

Intercity 2148 Vlissingen-Amsterdam, bestehend aus Triebzug 723 (mat.'54) hat soeben die Brücken über den Koningshaven und die Nieuwe Maas in Rotterdam verlassen. Daneben ist die alte Willemsbrücke zu sehen. Die Rotterdamer Eisenbahnbrücken und der Viadukt sollen durch einen vierspurigen Tunnel ersetzt werden.

87 Met vereende krachten trekken de locomotieven 2508 en 2484 een containertrein de helling op van de brug over de Nieuwe Merwede bij Dordrecht. De trein is onderweg naar het tussen Barendrecht en Zwijndrecht gelegen rangeerterrein Kijfhoek. Dit rangeerterrein werd in 1980 geheel in gebruik genomen en is een van de modernste van Europa. [14-7-1981]

Mit vereinten Kräften schleppen die 2508 und die 2484 einen Containerzug über die Rampe zur Brücke über die Nieuwe Merwede bei Dordrecht. Der Zug ist unterwegs zum Rangierbahnhof Kijfhoek zwischen Barendrecht und Zwijndrecht. Er ist seit 1980 vollständig in Betrieb und gehört zu den modernsten Europas.

Locomotief 1206 rijdt door het station van Dordrecht met een goederentrein, bestaande uit wagens beladen met stalen pijpen. Ook deze goederentrein is onderweg naar het rangeerterrein Kijfhoek. [25-5-1985]

Lok 1206 rollt mit einem Güterzug durch den Bahnhof Dordrecht. Er hat Stahlrohre geladen und ist ebenfalls nach Kijfhoek unterwegs.

88

Zeeland en Noord-Brabant

89

Nabij Oudenbosch zijn de treinstellen 1208 (NS), 220.903 (NMBS) en 1207 (NS) als intercity 167 op weg van Amsterdam CS naar Brussel Zuid. Deze "Benelux"-treinstellen zijn het enige tweesysteemmaterieel dat de NS bezit. [21-4-1984]

Intercity 167 (Amsterdam CS-Brüssel Süd) mit den Einheiten 1208 (NS), 220.903 (SNCB) und 1207 (NS) in der Nähe von Oudenbosch. Die "Benelux"-Züge sind die einzigen Zweisystem-Triebfahrzeuge der NS.

90

TEE 82 "Etoile du Nord" is zojuist uit Roosendaal vertrokken en heeft het grootste gedeelte van zijn reis van Amsterdam CS naar Paris Nord nog voor de boeg. Locomotief 1501 van de NMBS zal de trein naar Brussel Zuid brengen. Ook deze TEE is inmiddels gedegradeerd tot een IC. [21-4-1984]

TEE 82 "Etoile du Nord" hat gerade Roosendaal verlassen; der größte Teil seiner Reise von Amsterdam CS nach Paris Nord liegt noch vor ihm. Die 1501 der SNCB soll den Zug bis Brüssel Süd bringen.

91 Dichtbij de halte Antwerpen Luchtbal werd een trek-duweenheid als intercity 165 (Amsterdam CS-Brussel Zuid) gefotografeerd. Het stuurstandrijtuig 61 84 87-38 106 van de NS rijdt voorop, terwijl locomotief 2554 van de NMBS de trein duwt. Vanaf 1986 zullen deze "Benelux"-trek-duweenheden, evenals de "Benelux"-treinstellen, vervangen worden door nieuwe trek-duwtreinen. [9-7-1982]

Unweit der Haltestelle Antwerpen Luchtbal wurde der Intercity 165 Amsterdam CS-Brüssel Süd aufgenommen. Der "Benelux"-Wendezug wird geschoben von der SNCB-Lok 2554, an der Spitze läuft der NS-Steuerwagen 61 84 87-38 106. Im Laufe des Jahres 1986 sollen die "Benelux"-Wende- und Triebwagenzüge durch neue Wendezüge ersetzt werden.

92 Locomotief 1626 is met trein 4651 nabij Krabbendijke bezig aan het laatste deel van de lange reis van Zwolle naar Vlissingen. De trein is samengesteld uit enkele rijtuigen plan E. Deze rijden hun laatste kilometers onder andere in de diensten Zwolle-Roosendaal/Vlissingen. [27-8-1983]

Die 1626 mit Zug 4651 in der Nähe von Krabbendijke auf dem letzten Stück der langen Reise von Zwolle nach Vlissingen. Der Zug besteht aus Plan E-Wagen, die ihre letzten Kilometer u.a. auf der IJssel-Brabant-Zeeland-Linie fahren.

93 Eveneens bij Krabbendijke is locomotief 1135 met intercity 2159 van Amsterdam CS naar Vlissingen onderweg. De trein rijdt zojuist door een van de dijkcoupures, die in deze lijn door Zeeland voorkomen. Bij gevaar voor overstromingen kunnen de deuren in de coupures gesloten worden. [27-8-1983]

Ebenfalls bei Krabbendijke sehen wir Lok 1135 mit Intercity 2159 (Amsterdam CS-Vlissingen) beim Passieren eines Deichscharts, wie sie auf der Zeeland-Strecke vorkommen. Bei Überschwemmungsgefahr können die Tore geschlossen werden.

94 Met een bietentrein passeert locomotief 1003 het station Tilburg West. Van oktober tot en met december vindt de jaarlijkse bietencampagne plaats. Deze levert altijd veel extra vervoer per spoor op van Limburg (Nuth en Haelen) naar de suikerfabriek te Roosendaal. De open goederenwagens, waarmee dit bietenvervoer plaatsvindt, mogen uitsluitend voor dit doel gebruikt worden. [31-10-1980]

Lok 1003 rollt mit einem Rübenzug durch den Bahnhof Tilburg West. Während der Rübenkampagne von Oktober bis Dezember werden zahlreiche Bedarfszüge von Limburg (Nuth und Haelen) nach der Zuckerfabrik Roosendaal eingesetzt. Die offenen Güterwagen dieser Züge dürfen nur für Rübentransporte benutzt werden.

95 Locomotief 1150 is met een intercity naar Den Haag CS zojuist uit het station van Tilburg vertrokken. De locomotief, nog zonder "botsneus", trekt de trein bestaande uit rijtuigen plan K en plan N. Deze rijtuigen reden voor het laatst tijdens de winterdienst 1983-1984. [1-11-1980]

Lok 1150 mit einem Intercity nach Den Haag CS bei der Abfahrt in Tilburg. Die noch nicht mit einer "Stoßnase" versehene Lok führt einen aus Plan K- und Plan N-Wagen bestehenden Zug, die zuletzt während des Winterfahrplanes 1983/84 eingesetzt wurden.

96 In de andere richting vertrekt uit het station van Tilburg locomotief 1117 met intercity 2513 van Den Haag CS naar Köln-Deutz. Inmiddels zijn de rijtuigen, die op de vorige foto te zien waren, vervangen door het nieuwe ICR-materieel. De locomotief is voorzien van een "botsneus". Inmiddels zijn alle locomotieven van de serie 1100 hiervan voorzien. [21-3-1981]

Lok 1117 verläßt mit Intercity 2513 (Den Haag CS - Köln-Deutz) den Bahnhof Tilburg in Gegenrichtung. Inzwischen sind die Wagen, die auf Bild 95 zu sehen waren, durch das neue ICR-Material ersetzt worden. Mit einer "Stoßnase" sind jetzt alle Lokomotiven der Baureihe 1100 bestückt.

Nabij Oisterwijk kreeg de fotograaf het dieselelektrische motorrijtuig 20 voor de lens. Aan de beide hooggelegen machinistencabines ontleent het motorrijtuig zijn bijnaam "de Kameel". [5-10-1985]

97

Bei Oisterwijk bekam der Fotograf Triebwagen 20 vor die Linse. Den beiden hochgelegenen Führerständen verdankt dieses Einzelstück seinen Spitznamen "das Kamel".

98 Motorpostrijtuig 3034 passeert met een vijftal postgoederenwagens als trein 133853 (Roosendaal-'s-Hertogenbosch) de brug over het Afwateringskanaal in 's-Hertogenbosch. De deuren van een van de machinistencabines zijn geel geschilderd, hetgeen alleen bij dit motorpostrijtuig is gebeurd. [30-5-1985]

Der 3034 überquert mit fünf Postgüterwagen als Zug 133853 Roosendaal-'s-Hertogenbosch die Brücke über den Entwässerungskanal in 's-Hertogenbosch. Nur bei diesem Posttriebwagen hat einer der Führerstände gelbe Türen.

99 Even voorbij het station van Boxtel trekt de nog blauwe en niet gerenoveerde locomotief 1204 een intercity van het zuiden naar Zandvoort. De combinatie van een blauwe 1200 met het ICR-materieel is slechts korte tijd mogelijk geweest. [4-4-1982]

Die noch nicht modernisierte 1204 hat soeben mit einem Intercity den Bahnhof Boxtel auf dem Weg nach Zandvoort aan Zee passiert. Die Kombination einer blauen 1200 mit ICR-Material gab es nur kurze Zeit.

100 Ten zuiden van Boxtel rijdt locomotief 1502 met een intercity naar Keulen, bestaande uit rijtuigen plan K en plan N. In de trein rijdt ook een bagagerijtuig (stalen D) uit de jaren '30 mee. [13-4-1980]

Südlich von Boxtel ist Lok 1502 mit einem Intercity unterwegs nach Köln, der aus Wagen der Bauart Plan K und N besteht. Im Zug läuft auch ein Gepäckwagen (ein stählerner D) aus den dreißiger Jahren mit.

101 Tussen Best en Boxtel trekt locomotief 1312 een kalktrein, bestemd voor "Hoogovens" in Beverwijk. Met deze trein worden drie verschillende kalkprodukten vervoerd, die afkomstig zijn uit Belgische kalksteengroeven. Hieraan ontleent deze trein dan ook haar andere naam: de "Drie-produkten-trein". [20-8-1983]

Die 1312 mit einem Kalkzug zwischen Best und Boxtel. Damit werden drei verschiedene Kalkprodukte von den belgischen Kalkbrüchen zu den Hochöfen von Beverwijk transportiert, was dem Zug den Namen "Drie-produkten-trein" gab.

102 Locomotief 1313 is ten noorden van Best onderweg met intercity 2509 van Den Haag CS naar Köln-Deutz. Locomotief 1313 was toendertijd de enige locomotief van de serie 1300, die over halve stroomafnemers beschikte. [30-4-1983]

Nördlich von Best führt die 1313 Intercity 2509 Den Haag CS - Köln-Deutz. Diese Lok war damals die einzige Maschine der Serie 1300, die mit Einholmstromabnehmern bestückt war.

103 Vanaf het talud van de autosnelweg A 2 / A 58 bij Best werd de autoslaaptrein naar het Franse Narbonne gefotografeerd. De trein wordt getrokken door locomotief 1118 en is overwegend uit buitenlands materieel samengesteld. Het vierde rijtuig is echter een Nederlands barrijtuig. [3-7-1983]

Autoreisezug 's-Hertogenbosch-Narbonne, fotografiert von der Autobahn A2/A58 aus in der Nähe von Best. Bis Maastricht ist der Zug mit der 1118 bespannt; mit Ausnahme des vierten Wagens, eines niederländischen Barwagens, besteht der Zug aus ausländischem Material.

104 Onder "Siberische omstandigheden" rijdt locomotief 1655 "Eindhoven" met intercity 837 (Zandvoort aan Zee-Maastricht) door het landelijke buitengebied van de stad, waarnaar zij is genoemd. [6-1-1985]

Die 1655 "Eindhoven" mit Intercity 837 (Zandvoort aan Zee-Maastricht) in klirrender Kälte unterwegs durch das verschneite ländliche Gebiet der Stadt, deren Wappen sie trägt.

105 Met een zware goederentrein (trein 281321) is locomotief 1003 op weg van Venlo naar het rangeerterrein Kijfhoek. De foto werd ongeveer op dezelfde plaats gemaakt als de voorgaande. [18-5-1981]

Lok 1003 mit einem schweren Güterzug (281321) auf dem Weg zum Rangierbahnhof Kijfhoek, ebenfalls in Eindhoven aufgenommen.

107 Vanaf de hoogste verdieping van de Eindhovense parkeergarage werd locomotief 1633 gefotografeerd, vlak voor haar binnenkomst in het station. Ze trekt intercity 2515 van Den Haag CS naar Köln-Deutz. [13-5-1982]

Fotografiert von der obersten Etage des Eindhovener Parkhauses: Intercity 2515 (Den Haag CS - Köln-Deutz) mit Lok 1633 kurz vor der Einfahrt in den Bahnhof.

106 Locomotief 1307 trekt de "Drie-produkten-trein" voor "Hoogovens" door het station Eindhoven Beukenlaan. Evenals locomotief 1310 is zij tot haar renovatie altijd blauw gebleven en heeft dus nooit de huisstijlkleuren geel-grijs gekend, zoals die te zien zijn op foto 102. Op het andere spoor staat een treinstel van het materieel '46 als stoptrein richting Eindhoven. [9-5-1980]

Die 1307 schleppt einen "Drie-produkten-trein" für die Hochöfen von Beverwijk durch den Bahnhof Eindhoven Beukenlaan. Ebenso wie die 1310 behielt auch sie bis zu ihrer Modernisierung die blaue Farbe und trug somit nie die Hausfarben gelb-grau, die auf Foto 102 zu sehen sind. Auf dem anderen Gleis wartet ein Nahverkehrszug ("materieel '46") Richtung Eindhoven auf das Abfahrtsignal des Schaffners.

108 Op de eerste perron van het station Eindhoven staat de machinist van locomotief 1010 te wachten op het vertreksein. Het was de laatste keer dat een locomotief van de serie 1000 een reizigerstrein, in dit geval de "Bergland-Express", trok. [19-2-1982]

Auf dem ersten Bahnsteig des Bahnhofs Eindhoven wartet der Lokführer der 1010 auf das Abfahrtsignal. Es war das letzte Mal, daß eine Lok der Baureihe 1000 einen Reisezug führte - hier den "Bergland-Express", einen Reisebüro-Sonderzug nach Österreich.

109 Locomotief 1127 rijdt met intercity 2508 (Köln-Deutz - Den Haag CS) door het Eindhovense stadsdeel Tongelre. Het bagagerijtuig achter de locomotief was ongeveer 50 jaar oud toen de foto gemaakt werd. [5-4-1980]

Intercity 2508 (Köln-Deutz - Den Haag CS) mit der 1127 an der Spitze fährt durch den Eindhovener Stadtteil Tongelre. Der Gepäckwagen hinter der Lok war damals etwa 50 Jahre alt.

110

In Helmond is treinstel 670 (mat. '46) onderweg in de richting Eindhoven. De bovenleidingportalen, die op de foto te zien zijn, komen hoofdzakelijk voor in Noord-Brabant. [13-7-1982]

Triebwagenzug 670 (mat. '46) unterwegs nach Eindhoven, abgelichtet in Helmond. Die Betonträger wurden hauptsächlich bei der Elektrifizierung der Brabanter Strecken verwendet.

Limburg

111

Nabij Blerick trekt locomotief 1123 de twee gloednieuwe, zojuist afgeleverde, motorrijtuigen 3114 en 3115 (DH-1). Zij zijn op eigen kracht van de fabriek in Duitsland naar Venlo gereden. Het bordessein op de foto is kort nadien vervangen door het lichtsein dat er voor staat. [26-4-1983]

In der Nähe von Blerick schleppt Lok 1123 die funkelnagelneuen Triebwagen 3114 und 3115 (DH-1), die von Düwag (Uerdingen) geliefert wurden und aus eigener Kraft vom Werk in Deutschland nach Venlo gefahren sind. Das Formsignal wurde kurze Zeit später durch ein Lichtsignal ersetzt.

112 Ter hoogte van de Bovenste Molen (tussen Venlo en Kaldenkirchen) trekt locomotief 2416 een korte goederentrein richting Duitsland. [26-4-1983]

Unweit der "Bovenste Molen" (zwischen Venlo und Kaldenkirchen) zieht die 2416 einen kurzen Güterzug die Rampe nach Kaldenkirchen hinauf.

113 In de buurt van Heythuysen is locomotief 2289 onderweg met een ongevallenwagen richting Eindhoven. De ongevallenwagen is een verbouwd stalen bagagerijtuig uit de jaren '30. [15-5-1982]

In der Umgebung von Heythuysen ist Lok 2289 mit einem Gerätewagen unterwegs Richtung Eindhoven. Es handelt sich um einen umgebauten stählernen Gepäckwagen aus den dreißiger Jahren.

114 Op eerste Paasdag rijdt treinstel 505 (plan T) als intercity van Zandvoort aan Zee naar Maastricht nabij Roermond. Op "stille zondagen" (zoals deze eerste Paasdag) rijden vaak treinstellen in plaats van getrokken treinen in deze intercitydiensten. [15-4-1979]

Am Ostersonntag fährt Triebwagenzug 505 (Plan T) einen Intercity von Zandvoort aan Zee nach Maastricht. An sogenannten "stillen Sonntagen" verkehren öfters Triebwagenzüge statt lokgeführter Züge in den Intercityplänen. Das Foto entstand bei Roermond.

115 Locomotief 2277 loopt met een goederentrein het station van Roermond binnen. De locomotief heeft nog de roodbruine beschildering, die alle locomotieven van de series 2200 en 2400 hadden voor zij in de huisstijlkleuren geschilderd werden. [8-7-1981]

Die 2277 hat mit einem Güterzug Einfahrt in den Bahnhof Roermond. Sie weist noch die rotbraune Lackierung auf, die alle Lokomotiven der Serien 2200 und 2400 hatten, bevor sie die NS-Hausfarben erhielten.

116 Locomotief 2530 verlaat met de "Sproeitrein" het station van Roermond. Deze onkruidbestrijdingstrein wordt in de regel getrokken door locomotief 2530. De locomotief had oorspronkelijk een paarse beschildering, hetgeen haar de bijnaam "de Bisschop" opleverde. [18-8-1978]

Ein "Sproeitrein" verläßt Roermond mit der 2530, der Lok, die fast nur diese Unkrautvertilgungszüge zieht. Sie trägt den Spitznamen "der Bischof", weil sie ursprünglich violett lackiert war.

117

Intercity-plus 801 (Amsterdam CS-Maastricht) is, gerokken door locomotief 1106, zojuist door het station van Roermond gereden. De intercity-plustreinen, die in oktober 1978 voor het eerst reden, waren bedoeld voor het zakenverkeer van zuidoost Nederland naar de Randstad en terug. Zij bestonden uit Corailrijtuigen van de SNCF en een "antiek" restauratierijtuig van "Wagons-Lits". Voor het gebruik van deze snellere en vooral comfortabelere treinen werd een forse toeslag berekend. Deze toeslag en de aanduiding intercity-plus verdwenen met ingang van de zomerdienst van 1981. Locomotief 1106 bevindt zich vrijwel geheel in originele staat. [29-8-1979]

Intercity-Plus 801 (Amsterdam CS-Maastricht) mit Lok 1106 ist soeben durch den Roermonder Bahnhof gebraust. Intercity-Plus-Züge verkehrten ab 1978 und wurden für den Geschäftsverkehr zwischen dem Südosten der Niederlande und der "Randstad Holland" eingesetzt. Als schnellere und vor allem bequemere Züge waren sie die einzigen zuschlagpflichtigen Inlandsschnellzüge der NS. Mit dem Sommerfahrplan 1981 entfielen sowohl der Zuschlag als auch die Bezeichnung Intercity-Plus. Die 1106 befindet sich noch fast im Originalzustand.

118 Ter hoogte van Linne trekt locomotief 1218 een intercity, bestaande uit rijtuigen plan E, naar Maastricht. Deze locomotief was nog niet gerenoveerd maar wel "gehuisstijld". [12-4-1979]

Lok 1218 mit einem Intercity nach Maastricht, bestehend aus Plan-E-Wagen, unweit Linne. Die 1218 war damals noch nicht modernisiert, trug aber bereits die NS-Hausfarben.

119 Nabij Geulle rijdt locomotief 1619 met een ledige kalktrein richting Maastricht. De spoorlijn ligt hier aan de rand van het Maasdal. De foto geeft een goed beeld van het heuvelachtige Limburgse landschap. [15-7-1983]

Die 1619 schleppt in der Nähe von Geulle einen leeren Kalkzug nach Maastricht. Die Strecke führt durch die hügelige Limburger Landschaft am Rande des Maastales entlang.

120

Nabij Schinnen rijdt treinstel 281 als trein 16964 van Heerlen naar Sittard. Het was een van de vier tweerijtuig-treinstellen materieel '46, die geel geschilderd waren. Gezien de nog te verwachten korte levensduur zijn de overige treinstellen materieel '46 groen gebleven. [30-8-1983]

Triebwagenzug 281 als Zug 16964 Heerlen-Sittard in der Nähe von Schinnen. Er war eine der vier zweiteiligen Einheiten des "materieel '46", die einen gelben Anstrich hatten. Die übrigen Wagen des "materieel '46" sind wegen der nur noch kurzen Lebensdauer grün geblieben.

121 In de omgeving van Nuth rijdt locomotief 1154 met intercity 964 (Heerlen-Zandvoort aan Zee). Het rijtuig, dat achter de locomotief rijdt, is een versterkingsrijtuig plan W-2. Alle rijtuigen van dit type zijn inmiddels in de intercitykleuren blauw en geel geschilderd om hun uiterlijk aan te passen aan het nieuwe ICR-materieel. [30-8-1983]

Nahe bei Nuth begegnete dem Fotografen Intercity 964 (Heerlen-Zandvoort aan Zee) mit Lok 1154 an der Spitze. Der erste Wagen ist ein Verstärkungswagen Plan W-2. Alle Wagen dieses Typs sind inzwischen in die Intercityfarben blau und gelb umlackiert worden, um ihr Äußeres dem neuen ICR-Material anzupassen.

122 Trein 16960 van Heerlen naar Sittard, gereden door treinstel 274 (mat. '46), heeft bijna het station van Nuth bereikt. De bovenleiding op het baanvak Heerlen-Nuth is opgehangen aan vrijstaande masten. Men heeft voor deze constructie gekozen in verband met de bodemverzakkingen die zich in de oostelijke mijnstreek voordeden, toen er nog kolen werden gedolven. [19-8-1983]

Zug 16960 (Heerlen-Sittard) mit Triebwageneinheit 274 (mat. '46) hat fast den Bahnhof Nuth erreicht. Die Fahrleitung der Strecke Heerlen-Nuth hängt an Einzelmasten statt an den üblichen Portalkonstruktionen. Diese Bauart wurde wegen der Bodensenkungen gewählt, die durch den früheren Steinkohlebergbau in Südlimburg verursacht wurden (Bergschäden).

123 In het station van Heerlen staat de dieselelektrische rangeerlocomotief 620 klaar met een versterkingsrijtuig naast de zojuist met een intercity binnengekomen locomotief 1602. Wanneer locomotief 1602 is weggereden teneinde om te lopen, zal de rangeerlocomotief in actie komen om de trein met het rijtuig te verlengen. [19-8-1983]

Bahnhof Heerlen: neben der soeben mit einem Intercity von Zandvoort eingefahrenen 1602 wartet die dieselelektrische Rangierlok 620 mit einem Verstärkungswagen.

124 De treinstellen 181 (trein 6535 Heerlen-Kerkrade Centrum) en 185 (trein 6548 Kerkrade Centrum-Heerlen) kruisen elkaar in het station van Schaesberg. In 1986 zal het baanvak Heerlen-Kerkrade Centrum geëlektrificeerd zijn. [19-8-1983]

Die Triebwagenzüge 181 (Zug 6535 Heerlen-Kerkrade Centrum) und 185 (Zug 6548 Kerkrade Centrum-Heerlen) kreuzen in Schaesberg. Auf der eingleisigen Strecke Heerlen-Kerkrade Centrum wurde zum Sommerfahrplan 1986 der elektrische Betrieb aufgenommen.

125

Motorrijtuig 43 (DE-1) rijdt het weg uit het stationnetje van Chèvremont. De motorrijtuigen van de serie 21-50 hadden tot de zomerdienst van 1982 de alleenheerschappij op het zogenaamde "Miljoenenlijntje" (Heerlen-Kerkrade-Schin op Geul). Zij zijn vervangen door de treinstellen van de serie 161-186 (DE-2 verbouwd). Het "Miljoenenlijntje" dankt die naam aan de dure aanleg van het lijngedeelte Schaesberg-Simpelveld. [5-7-1980]

Triebwagen 43 (DE-1) verläßt gerade die Station Chèvremont. Der Verkehr auf der sogenannten "Millionenlinie" Heerlen-Kerkrade-Schin op Geul wurde bis zum Sommerfahrplan 1982 ausschließlich von Fahrzeugen der Serie 21-50 durchgeführt. Sie wurden durch Triebwagenzüge der Baureihe 161-186 (Umbau-DE-2) ersetzt. Die "Millionenlinie" verdankt ihren Namen dem Bau des Streckenteils Schaesberg-Simpelveld, der pro Kilometer eine Million Gulden kostete.

126 In de buurt van het voormalige station Eys-Wittem werd treinstel 186 (DE-2 verbouwd) gefotografeerd. Het treinstel rijdt als trein 6552 over het "Miljoenenlijntje" van Valkenburg naar Heerlen. [30-8-1983]

Triebwagenzug 186 (Umbau-DE-2) mit Zug 6552 Valkenburg-Heerlen auf der "Millionenlinie" in der Nähe des ehemaligen Bahnhofs Eys-Wittem.

127 Het accumotorrijtuig 515 514 van de DB heeft een bruggetje in de buurt van het plaatsje Etenaken gepasseerd. Het rijdt als trein 3740 van Aachen Hbf naar Maastricht. Het Duitse accumotorrijtuig wordt over het gehele traject door NS-personeel gereden. [26-5-1985]

Akkutriebwagen 515 514 der DB in der Nähe von Etenaken. Diese Fahrzeuge wickeln den Verkehr zwischen Maastricht und Aachen ab; sie werden auf der gesamten Strecke von NS-Personal gefahren.

128 Met het station Klimmen-Ransdaal op de achtergrond rijdt treinstel 924 (plan V) als trein 6629 van Heerlen naar Maastricht. Om de seinarm beter zichtbaar te maken ten opzichte van de achtergrond is er een wit rooster achter geplaatst. [20-8-1983]

Doppeleinheit 924 (Plan V) mit Zug 6629 (Heerlen-Maastricht) nach dem Verlassen des Bahnhofs Klimmen-Ransdaal. Um das Flügelsignal besser sichtbar zu machen, wurde ein weißes Gitter dahinter angebracht.

129 Locomotief 1504 is met een aantal rijtuigen op weg van Heerlen naar Maastricht. Zij passeert daarbij het inrijsein van Schin op Geul. Voor deze materieeloverbrengingsritten tussen Heerlen en Maastricht v.v. worden alle typen locomotieven gebruikt. Een locomotief van de serie 1500 op deze lijn is echter toch wel bijzonder. [16-7-1983]

Die 1504 mit einigen Reisezugwagen auf dem Weg von Heerlen nach Maastricht beim Passieren des Einfahrsignals von Schin op Geul. Für Überführungsfahrten zwischen Heerlen und Maastricht werden Lokomotiven aller Serien eingesetzt, aber nur selten solche der Baureihe 1500.

130 Ook nabij Schin op Geul is treinstel 428 (plan V) als trein 6632 onderweg van Maastricht naar Heerlen via Voerendaal. Op de achtergrond is het Geuldal met de kastelen "Genhoes" en "Chaloen" te zien. [19-8-1983]

Triebwagen 428 (Plan V) vor der Kulisse des Geul-Tals mit den Schlössern "Genhoes" und "Chaloen" bei Schin op Geul. Er ist als Zug 6632 unterwegs von Maastricht nach Heerlen.

131 De motorrijtuigen 50 en 41 (DE-1) werden eveneens in de buurt van Schin op Geul gefotografeerd. De trein is onderweg van Valkenburg naar Heerlen en zal deze plaats bereiken via het "Miljoenenlijntje". [11-8-1979]

Auch die Triebwagen 50 und 41 (DE-1) wurden bei Schin op Geul abgelichtet. Der Zug fährt über die "Millionenlinie" von Valkenburg nach Heerlen.

132 In Valkenburg is locomotief 1606 zojuist vertrokken naar Heerlen met ledig materieel afkomstig van intercity 825. Deze intercity is een "Valkenburg-Express" uit Haarlem. De ledig-materieelritten zijn noodzakelijk omdat de mogelijkheden om de locomotief te laten omlopen en het materieel op te stellen in Valkenburg te beperkt zijn. [20-8-1983]

In Valkenburg fährt gerade Lok 1606 mit Leermaterial des Intercity 825 ab, der als "Valkenburg-Express" aus Haarlem gekommen ist. Die Leerwagen dieser Expresszüge werden wegen der unzureichenden Abstellkapazitäten des Bahnhofs Valkenburg nach Heerlen übergeführt.

133　Intercity 850 naar Zandvoort aan Zee heeft zojuist Meerssen gepasseerd. Deze "Valkenburg-Express" wordt getrokken door locomotief 1106. De "Valkenburg-Expressen" rijden alleen op zaterdagen gedurende het toeristenseizoen. [16-7-1983]

"Valkenburg-Express" Intercity 850 (Valkenburg-Maastricht-Zandvoort aan Zee) mit der 1106 an der Spitze hat gerade Meerssen passiert. Diese Expresszüge werden nur an Samstagen während der Touristensaison eingesetzt.

134 Treinstel 181 (DE-2 verbouwd) rijdt het voormalige stationsgebouw van Gronsveld voorbij. Het rijdt als trein 3262 van Maastricht naar Liège Guillemins. Het stationsgebouw was op het moment dat de foto gemaakt werd nog in gebruik als blokpost. Het baanvak Maastricht-Visé wordt sinds 28 september 1985 elektrisch bereden door Belgisch materieel. [17-7-1983]

Der Dieselzug 181 (Umbau-DE-2) fährt als Zug 3262 (Maastricht-Liège Guillemins) am ehemaligen Bahnhofsgebäude von Gronsveld vorbei, das damals noch als Blockstelle diente. Seit dem 28. September 1985 wird der Verkehr auf der Strecke Maastricht-Visé unter Einsatz belgischer Triebfahrzeuge elektrisch betrieben.

135 We beëindigen de reis door Nederland in het Belgische Cheratte, gelegen ten zuiden van Visé. Daar werd treinstel 186 (DE-2 verbouwd) gefotografeerd als trein 3267 op weg van Maastricht naar Liège Guillemins. Dit beeld is sinds de zomerdienst van 1984 verleden tijd. De Nederlandse treinstellen kwamen toen niet verder meer dan het grensstation van Visé. [29-8-1983]

Wir beenden unsere Reise durch die Niederlande im belgischen Cheratte südlich von Visé, wo der Triebwagen 186 (Umbau-DE-2) auf dem Weg von Maastricht nach Liège Guillemins als Zug 3267 fotografiert wurde. Seit dem Sommerfahrplan 1984 fahren niederländische Triebfahrzeuge aber nicht mehr über den Grenzbahnhof Visé hinaus.

Afkortingen/Abkürzungen

BR	British Railways
CRVL	Centrale Radio Verkeers Leiding (Zugbahnfunk)
CS	Centraal Station (Hauptbahnhof)
DB	Deutsche Bundesbahn
DE	dieselelektrisch
DH	dieselhydraulisch
DR	Deutsche Reichsbahn
Hbf	Hauptbahnhof (Centraal station in Duitsland)
IC	Intercity, hoogwardige internationale sneltrein, niet te verwarren met een gewone Nederlandse intercity. Intercity, hochwertiger internationaler Schnellzug, nicht zu verwechseln mit einem niederländischen Inlandsschnellzug mit der gleichen Bezeichnung.
ICM	Intercitymaterieel (Intercity-Triebzüge)
ICR	Intercityrijtuig (Intercity-Wagen)
mP	Motorpostrijtuig (Posttriebwagen)
NMBS	Belgische Spoorwegen (Belgische Staatsbahnen)
NS	Nederlandse Spoorwegen (Niederländische Staatsbahnen)
NVBS	Nederlandse Vereniging van Belangstellenden in het Spoor- en tramwegwezen (Niederländischer Verein von Eisenbahn- und Straßenbahnfreunden)
SGM	Stadsgewestelijk materieel (S-Bahn-Triebzüge)
SLM	Schweizerische Lokomotiv- und Maschinenfabrik, Winterthur
SNCB	Belgische Staatsbahnen (Belgische Spoorwegen)
SNCF	Franse Spoorwegen (Französische Staatsbahnen)
STIBANS	Stichting tot behoud van af te voeren NS-materieel (Stiftung zur Erhaltung ausgemusterter NS-Fahrzeuge)
öBB	österreichische Bundesbahnen (Oestenrijkse Spoorwegen)
TEE	Trans-Europ-Express
VAM	Vuil Afvoer Maatschappij (Müllverwertungsfirma)

Rijtuigsoorten/Wagengattungen

A	1. klasse
AB	1./2. klasse
B	2. klasse
BKD	2. klasse met keuken en bagageafdeling/ 2. Klasse mit Küche und Gepäckabteil
RD	Buffetrijtuig met bagageafdeling/ Speisewagen mit Gepäckabteil

Geraadpleegde literatuur/Literaturverzeichnis

J.W. Sluiter,
Beknopt Overzicht van de Nederlandse Spoor- en tramwegbedrijven, Leiden 1967
van Wijck Jurriaanse,
Andere locomotieven van de Nederlandse Spoorwegen, Rotterdam 1973
van Wijck Jurriaanse,
Van Stoom tot Stroom, het blokkendozenmaterieel van de NS, Alkmaar 1980
Ankersmit/van de Meene,
De beveiligingen bij de Nederlandse Spoorwegen, Leiden 1981
Nieuwenhuis/Steenebruggen,
Benelux Lokomotieven en Treinstellen 1981-01-01, Malmö 1982
Nieuwenhuis/Stoer,
Spoor- en trammaterieel en Nederland, Alkmaar 1982
Kemperman,
Over de IJssel bij Westervoort, Westervoort 1984
Charmentier,
Les locomotives électriques de type BB-Midi et leur descendance,
Breil-sur-Roya 1984

Tijdschriften/Zeitschriften

Op de Rails, orgaan van de NVBS
Railhobby
Het Openbaar Vervoer
Railnieuws
Lok Report

Fotoverantwoording/Bildnachweis

Maarten van der Velden:
1-3, 10, 14, 21, 22, 24, 25, 28, 31, 34, 35, 37, 39, 40, 41-43, 45, 46, 49, 51, 52, 54, 57, 58, 61, 63, 66, 69, 71, 74-76, 79, 81, 82, 84, 85, 88-90, 92-100, 102-109, 112, 123, 127, 129, 130, 132, 134, achterzijde omslag/Umschlagrückseite.
Bart van't Grunewold:
5, 6, 9, 11, 12, 20, 26, 32, 38, 47, 48, 50, 56, 59, 60, 62, 64, 70, 72, 73, 80, 86, 87, 91, 110, 113-118, 120, 121, 125, 126, 131, 135.
Maarten Tjebbes:
Titelfoto, 4, 7, 8, 15-19, 23, 29, 30, 33, 36, 44, 53, 55, 65, 67, 77, 78, 83, 101, 111, 119, 122, 124, 128, 133.
Jos Van Kan: 27.
Bram Stelling: 68.
Klaus Prömper: pag./Seite 25.

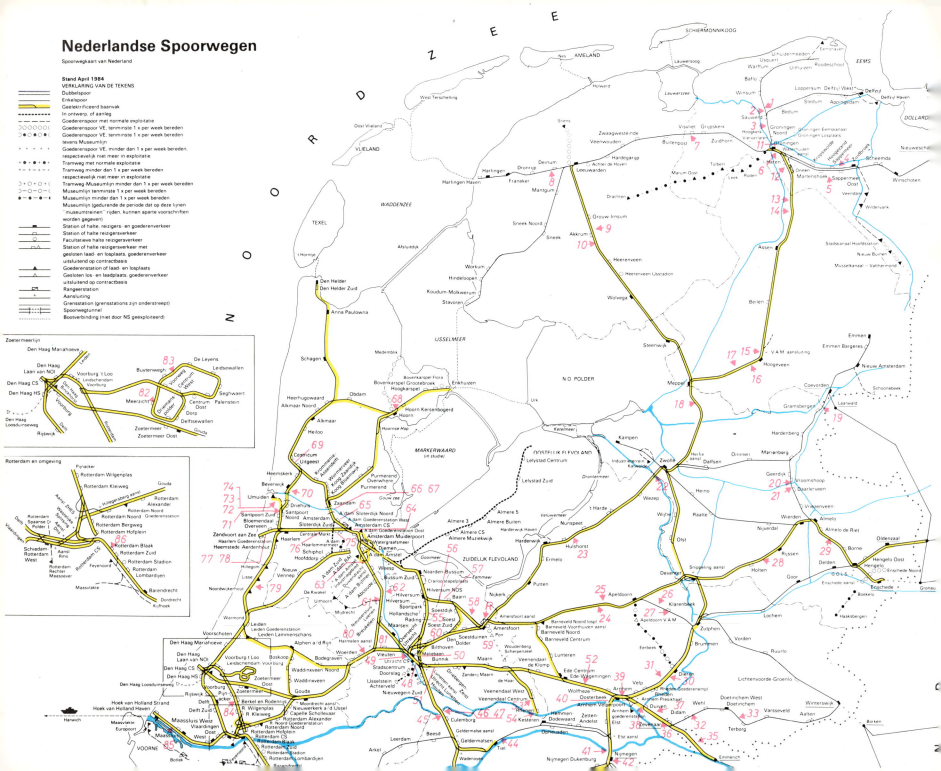